新・教職課程シリーズ

道徳教育論 <改訂版>

Moral Education

田中智志・橋本美保[監修]
松下良平[編著]

一藝社

監修者のことば

　本書は、一藝社「新・教職課程シリーズ」全10巻の１冊として編まれた
教科書であり、「教職に関する科目」の一つである「教育課程及び指導法
に関する科目」の必要事項「道徳の指導法」を扱う授業に対応しています。
　道徳の指導法のマニュアル本には、しばしば「規範意識」を高める道徳
の授業の具体例がいくつも挙げられています。そうした具体例は、自分の
「心」、とりわけ怒りや妬みや塞ぎなどの負の感情をコントロールする方法
のあれこれです。そこでは、道徳は心に書き込まれ、心が従うべき規範と
して心に意識されることで人の言動を方向づけるものです。しかし、そう
した規範意識を高める教育（「規範教育」）が少しでも効果を上げるとすれ
ば、それは、子どもたちがその規範を自分の心のなかにある倫理感覚
（「良心」）に結びつけるからです。真の道徳は、すでに心のなかにあるよ
りよく生きようとする感覚と結びついて、人の言動を方向づけていくベク
トルです。国家や組織が定める規範にときに人が抗うのは、人の心のなか
にそうした倫理感覚があるからです。それが「良心の自由」です。
　国家や組織が定める規範は、全体社会の動勢に少なからず左右されます。
現代社会では、ますますルールが細かく設定され、それに則って行動する
ことが求められています。教職という仕事も、以前とは較べものにならな
い膨大な事務作業をともなうものになっています。現代社会ではまた、ま
すます有用性が重視され、自分自身を有能化することが求められています。
学校教育においても、気高い人間性に向かう「人格の完成」は背後に退き、
グローバル化するこの「社会を生き抜く力」が強調されています。
　こうした社会的現実のなかで、また規範教育の広がりのなかで、しばし
ば見失われるのが、よりよく生きようとする倫理感覚です。既存の道徳教
育に替わるものとして語られる「シティズンシップ（市民性）教育」も、
この倫理感覚が育っていなければ、うまくいかないでしょう。どれほどシ

ティズンシップの知識技能を身につけても、子どもたちが肝心の倫理感覚の声に耳をかさないのなら、シティズンシップはたんなる規範となってしまい、他者への気遣いよりも自分の都合が優先されてしまうでしょう。

　道徳教育の根幹は、子どもたちの心にある倫理感覚を育て、それに支えられている道徳というベクトルを強め高めることです。それは、大人である私たち自身が自分の心の声にたえず耳を澄ますことです。倫理感覚は、子どもと大人（教師）を結ぶ、いわば、真のメディアです。子どもであれ、大人であれ、人は、つねによりよく生きる可能性とともに生きています。その可能性は、しばしば見えなくなりますが、けっしてなくなることはありません。教職という仕事は、定められた法令に従い、児童生徒に知識技能を教えることだけでなく、児童生徒一人ひとりがよりよく生きられるように、その人生を支え援けることでもあります。それには、何よりもまず、教師自身が自分の心の声に耳を澄ますことが大切です。

　本書は、教育哲学の深い知見に裏打ちされながら、長年にわたり道徳教育について研究されてきた松下良平氏の明確な編集方針のもとに編まれています。全体を通じて、道徳教育の全容がわかりやすく示され、また一人の教師としてよりよく生きるために必要な知見が示されています。

　教職を志すみなさんが、本書をつうじて、人間性豊かな、よりよい教育実践の学知的な礎を築かれることを、心から願っています。

2014年3月吉日

監修者　田中智志
橋本美保

まえがき

　この本は学校の道徳教育について学ぶ人のために編まれました。大学の教員養成課程における授業のテキストとして、道徳教育に関する基本的な事柄を学ぶことができます。

　将来学校の教師になりたいと思っている人の道徳教育のとらえ方には、時折、看過できない誤解が見受けられます。一つは、学校の道徳教育はカリキュラム上の特定の時間（「道徳の時間」）に行えばそれで十分、と考えることです。このように考える人は「道徳」授業のやり方にしか関心を示しません。けれども、学校の道徳教育は基本的には学校教育の全体を通じてなされます。特別活動はいうまでもなく、各教科教育も道徳教育としての側面をもっています。もっといえば、学校生活の中で人と人がかかわるとき、いつでも間接的ながら道徳教育は行われています。本書では、「道徳」の授業だけでなく、この多様な場面でなされる道徳教育にも目を向けています。

　もう一つの誤りは、これまでなされてきた教育や、自分が受けてきた教育と同じようなことをやっておけばそれでよい、と考えることです。道徳教育以外についてもいえることですが、多くの人がこれまでやってきたことは必ずしもよいもの・すぐれたものではあるとは限りません。問題がある・間違っているといったほうがよい場合も少なからずあります。そのため、「道徳教育はこのままでよいのか？」とたえず問い直すことが必要になってきます。

　日本の道徳教育の場合、とりわけこのような問い直しは避けられません。というのも、学校の道徳教育に多くの国民が批判や懐疑の目を向けてきた歴史があるからです。なぜそうなったのか、過去の道徳教育に何があったのかを知らなければ、無批判に過去の教育に追従して、そこにある問題点をさらに広げていくことになりかねません。学校の道徳教育はいったい何

のためにあるのかを知るためにも、まずは歴史を学ぶことが大切なのです。

　過去の教育を無批判にくりかえす誤りは、時代や社会の変化から眼を逸らすときにも生じます。今日、社会は大きく変化しつつあります。情報化や市場化やグローバル化が進行し、産業もまた工業中心型からサービス・知識中心型へ、生産重視型から消費重視型へと大きく転換してきています。それらの変化に少子高齢化や低成長なども加わって、国家のあり方もまた大きく揺らぎつつあります。このように社会が大きく変化するときに、道徳教育だけは従来通りで構わないということはありえません。むしろ、道徳教育を市民教育へと拡張していく必要があるといえるのです。本書は、社会や国家の変化に伴う道徳教育のとらえ直しという課題にもさまざまな角度からアプローチしています。

　もちろん、教育には変えられないところ、簡単に変えてはならないところが少なからずあります。人を育てるために歴史の風雪に耐えて受け継がれてきたすぐれた知恵は、今後もしっかり守り続けていく必要があります。だとすると、考えるべき問題は、これまでの道徳教育の何をどう引き継ぎ、どこをどのように変えていけばよいのか、ということになります。

　本書を導きとして、そのことについてぜひ考えてみてください。教師になっていつか出会う子どもたちのために。

＊巻末付録資料として、2008年（平成20年）版の小学校及び中学校の学習指導要領から「道徳」の章、および戦前の道徳教育に大きな影響力を与えた「教育ニ関スル勅語」の全文を載せました。新旧の教育基本法などその他必要な資料については、別途参照してください。

2014年3月吉日

編著者　松下良平

<h1 style="text-align:center">「道徳教育論」もくじ</h1>

序章

なぜ学校で道徳教育を行うのか

松下良平

はじめに

　この本を手にする人の多くは、将来、学校の教師になりたいと考えていることであろう。その方に聞いてみたい。あなたは道徳教育に熱心に取り組みたいですか、それともできれば避けたいですか？

　ホンネを求められればおそらく意見は分かれるだろう。ひょっとしたら一人の人間の中でも考えが一つにまとまらないかもしれない。熱心に取り組みたいという気持ちはあるけれど、道徳を教える資格が自分にあるようには思えないし、そもそも人に道徳を説くなんて押しつけがましくて嫌だ。こう思う人は少なくないのではなかろうか。

　いったいどうして、このような相反する感情が道徳教育に対して向けられるのだろうか。道徳教育は大切だと思う反面、尻込みする人が少なくないのはなぜだろうか。この序章では、道徳教育について考えるための最初の一歩として、まずはその理由を探ってみよう。そのことを通じて、学校の道徳教育をめぐって何を考える必要があるのか、その大枠が見えてくるからである。その上で、学校における道徳教育が持つ可能性および直面している課題についても提示してみたい。

第1節　生活の中で行われる道徳教育

1　道徳の基本としての共同体道徳

　学校で道徳教育を受けなければ道徳は身につかないのだろうか。もちろんそんなことはない。日本の学校教育制度は1872（明治5）年の「学制」に始まるが、それ以前の人々は無秩序・無軌道であったということは全くない。たとえば幕末から明治初期の庶民の多くは、親切で礼儀正しく、善意と思いやりを持ち、秩序だったふるまいをしていたことを、当時の日本を訪れた西洋人たちが、彼らには理解しがたい奇妙な風習やふるまいとと

もに報告している（『逝きし世の面影』）。

　そもそも道徳とは人々の習俗や慣習の中に埋め込まれているものである。人が人とかかわるときはもちろんのこと、人が自然や動物やモノや出来事に接するとき、そのかかわり方の中に思いやり・配慮・感謝・敬意・礼節・誠実・誇り・剛気などの精神や徳が織り込まれている。そしてそれらが、手助け・助け合い・世話・親切・歓待・ゆるし・奉仕・信頼・礼儀・自立・勇敢といったふるまいとして表れるのである。

　習俗や慣習の中には、「なすべきこと」「してはならないこと」を指令する規範も組み込まれている。もっとも、厳しいおきてであったとしても、規範は必ずしも単純ではない。たとえばケンカは「安易にしてはならない」が、「どうしても避けられない」場合には一定の道徳的な作法に従わなければならないというぐあいに、一義的ではない。

　これらの道徳は、地域や仕事の共同体が築き上げ、伝承してきたものである。その中身は、時代や社会はもちろん、地域や仕事や社会階層によっても異なることが少なくない。中には、現代人の目から見れば不可解なだけでなく、残酷で道徳に反するように見えるものもある（たとえば「間引き」＝嬰児殺しの容認）。特殊な社会条件に根ざしたものは遅かれ早かれ廃れていくが、共同体の人々に広く・長く定着すれば「常識」（人として当たり前のこと）となり、批判的吟味に耐えて深い敬意を集めるときには「良識」（すぐれた見識）として機能する。

　この共同体道徳が果たす役割は、かつても今も絶大である。それは人々の「頭の中」ではなく身体や感情の中に染み通ることにより、強い実践力を有しているからである。共同体道徳を身につけた人は、処罰されるのを避けるためというより、いわば自然に道徳に従う。いうなれば、そのようにふるまうことを自ら欲するのだ。ルールや決まりに従うように外側から強いられなくても、人々は常識や良識に従ってあしきことを避け、よきことを促し、結果として一定の秩序を確保するのである。

2　共同体道徳の学び方

　では、どうすれば共同体の道徳は身につくのだろうか。一言で言えば、模倣と習熟を通じてである。年少者や新参者は、年長者や古参と交わり、生活や仕事を共にする中で、彼・彼女らの居住まいやたたずまいから望ましいふるまいを自ら学び取っていく。つまり、兄弟姉妹や、近所のお姉さん・お兄さんや、親・親方・親代わりや、地域の人々が他者や動物やモノや神仏などにどのように接しているか、そのふるまいをじっくり眺め、自ら「よい」とか「あのようになりたい」などとみなしたふるまいや姿勢を模倣するのである。

　最初は、ふるまいの基本的な型ややり方を見よう見まねで身につけることから始まる。さらに、それらが多様な場面で用いられる様子を観察し、また自分でもさまざまな場面で実際に用いてみることを通じて、しだいにふるまいを個々の状況にふさわしく柔軟なもの、複雑で豊かな中身のものにしていく。こうして一定程度習熟すると、たいていの状況では自在にふるまえるようになるのである。それだけではない。時代の推移や社会の変遷に応じて、これまで身につけた道徳を大胆に組み換えたり、それに従わなくなったりするときもある。

　このように共同体の道徳は、先行世代や古参と共に生活する中で、自ら道徳的実践を積み重ねることによって、若い世代や新参者に受け継がれていく。なるほど、学校教育制度が導入される以前の社会でも、絵図や読み物、講話や芝居などを通じて勧善懲悪や因果応報が教えられることはあった。しかし、それらは具体的な実践を通じてなされる道徳教育にいわば輪郭やアクセントを与えるにすぎない。共同体道徳を身につけるための道徳教育は、基本的には生活の全体を通じてなされるのである。たいていはことさらに「道徳教育」や「徳育」として意識されることもなく。

　そうであれば、道徳教育は学校で行わなくても十分に可能ということになる。共同体の生活や実践が積み重ねられる中で鍛え抜かれ、受け継がれてきた道徳を身につけるのであれば、大人や仲間たちと共に生活し、それ

らの人々の背中から学ぶ"道徳教育"こそが基本となる。にもかかわらず、学校教育制度の導入以降、学校でも道徳教育が積極的に行われるようになった。どうしてだろうか。

第2節　国民国家が要請する道徳教育

1　愛国心と公共性

　学校における道徳教育は、絵図や読み物や講話などを通じて行われていた中世や近世社会の道徳教育を体系化し発展させたもの、としてとらえることができる。学校における道徳教育の方法は今でもそうした古風なやり方と似ているところがあるので、学校の教師を含めてそのように考える人は少なくないであろう。しかし、それは表面的な見方にすぎない。

　なぜ学校にあえて道徳教育が導入されたのか。一言で言えば、近代の国民国家が伝統的な道徳教育には期待できないこと、つまり共同体の生活や実践の中では身につかないことを教えるためにほかならない。学校における道徳教育は、明治維新に伴う近代国家の建設にとって必要不可欠と考えられたのであり、だからこそ明治政府はフランスをはじめとする国民国家先進諸国に倣って道徳教育を導入し、「修身科」を「筆頭教科」（最も重視すべき教科）にするほどに重視したのである。ではなぜ、近代国家の建設にとって道徳教育は不可欠とされたのか。

　一つは、19世紀にヨーロッパや日本などで次々と誕生した国民国家（nation state）においては、多様な地域や職業の共同体に足場を置いている人々を同じ「国民」として統合することが何よりも必要だったからである。日本においては、幕藩体制と結びついて内戦（戊辰戦争や西南戦争など）をも辞さない状態にあった列島の人々を、多様なローカルな共同体から引き離して、天皇の臣民たる「日本人」として統合する必要があった。日本人としての統合は、修身だけでなく、国民意識を植えつけるための諸教科と

相まって行われた。言語を各地の方言から「標準語」に替えるための「国語」、歴史や地理を各々の共同体ではなく日本という国家の観点から見るように教える「国史」や地理などである（これらは国民学校令下では「国民科」として一くくりにされた）。

このうち道徳教育が担ったのは、もっぱら愛国心の教育である。つまり、新たにつくられた日本という「国家の伝統」を教え込んで、列島の人々を「日本人」から成る新たな国民共同体に組み込むことであり、さらには国民に対して国家に献身する精神を植え込むことである。今日でも道徳教育といえば愛国心教育が取りざたされるのはそのためである。

もう一つは、近代国家として諸外国と経済力や軍事力を用いた競争の関係に入ったとき、伝統的な共同体で身につけた土着のふるまいや生活習慣を近代国家の労働者や軍人にふさわしいものにつくり変えるためである（それゆえ教育の主たる対象は当初は男子であった）。つまり国家は、自己利益を追求する近代的な個人をつくり出していく一方で、公共性の名の下に国家が求める規範に従うよう国民を統制・管理する任務も負うようになり、その役割が道徳教育に担わされたのである。

2　道徳教育が加担した悲劇

このとき日本では、国家は天皇を家長とする不朽の歴史を持った一つの家族共同体に擬せられ、愛国心は家族愛（親の子への愛および子の親への孝行）を国家にまで押し広げたもの（天皇の臣民への愛および臣民の天皇への忠義）として位置づけられた。このような考え方を端的に表明しているのが、1890（明治23）年に渙発された「教育ニ関スル勅語」（教育勅語）である。戦前の（道徳）教育の基本理念を説いた教育勅語では、伝統的な共同体道徳にも訴えながら、天皇の臣民として国民が「心を一つにする」ことや、「万世一系」の天皇を戴く世界に冠たる日本という国家への忠誠と献身が求められた。

このため戦時には、教育勅語に依拠しながら、国家に自らの命をささげることが求められ、国民一丸となること——第二次世界大戦中に大政翼賛

会は「進め一億火の玉だ」という標語を掲げた——を優先するあまり、国家や政府に同調しない思想や宗教は弾圧された。善や正義を促すはずの道徳教育は、人々を戦争に動員することに手を貸し、皮肉にも血塗られた歴史を支える役回りを演じたのである。

　このように戦前の道徳教育が暴力性を深く宿していたことから、戦後になると道徳教育は懐疑的・批判的な目でながめられるようになった。特に1958（昭和33）年、学校の教育課程に「特設道徳」が導入されたときは、戦前の修身科を思い起こさせるものとして、学校の教師をはじめとして多くの国民の強い抵抗にあった。

　戦後の日本で道徳教育が疎まれる理由は第1にここにある。道徳教育は、国家による自己犠牲の強要や異論弾圧の記憶と深く結びついている。国家の為政者からすれば好都合でも、国民の側からすれば忌まわしいものになるのだ。だが、道徳教育が嫌がられる理由はそれだけではない。戦後や外国の道徳教育にも当てはまりうる、もっと一般的な理由もある。

第3節　道徳教育という疎ましいもの

1　国家による価値の押しつけ

　国民国家は人々を伝統的な共同体から引き離し、一定の自由を平等に持った個人としての性格を国民に与える。天皇主権の戦前の日本では、自由への権利はその中身も行使できる人も大きく制限され、国民は天皇の臣民としての平等にすぎず、個人意識もまた広く根づいていたわけではない。とはいえ、身分制の社会から社会的移動が可能な社会に移行し、経済的自由が一気に活性化したことは事実である。すなわち人々は多少なりとも西洋のリベラリズムの影響を受けるようになったのである。

　戦後になるとリベラリズムは社会の民主化と結びついて、その影響力を飛躍的に高める。日本国憲法によって「思想及び良心の自由」が権利とし

て全ての国民に保障され、国家による思想・信条・信教の押しつけを国民は拒否できるようになった。こうして道徳教育は、国家による価値の押しつけとしてみなされるときには、拒否できるものになったのである。ここに道徳教育が敬遠されがちな第2の理由がある。価値の押しつけになるような道徳教育は避けるべき、という考え方が人々に浸透していったのである。戦後の日本社会が道徳教育に否定的である理由の多くは、日本に特有な先の第1の理由と、リベラリズムを支持する諸国に共通するこの第2の理由が組み合わさったものだといえよう。

　ただし、話はここで終わらない。まずは、リベラリズムの代表的論者の一人、ミル（Mill, John Stuart　1806-1873）の議論に目を向けてみよう。ミルは「他人に危害を加えないかぎりは何をしても自由である」と主張する。そのときミルが思い悩んだのは、「人に迷惑をかけさえしなければ何をしようと私の勝手でしょ」という現代日本人のように、口うるさい親や隣人からいかに逃れるかではなく、政府や社会はどのような場合に個人に干渉することが許されるか、であった。そのため、この考え方に従えば、本人が自分のためにならないことをしているときであっても、他人に危害を加えないかぎりは、なすべき行為についてあれこれ指図する道徳教育は公教育としては許されないことになる。

　だが視点を変えると、この考え方からは道徳教育を推進する立場を導き出すこともできる。そもそも自由な個人から成る社会では、個人的自由（利己主義）の行き過ぎが社会に混乱や無秩序をもたらすのではないか、という警戒心や不安を人々は常に抱いている。そのためリベラリズムは、利己主義が対立や抗争を引き起こして人に危害を加えるのを防ぎ、社会の安定や安全を確保するために、反利己主義や利他主義を説く傾向を持っている。こうなるとリベラリズムは、「自分勝手」や「わがまま」を戒め、社会全体（公共）の利益の侵害を禁じる道徳教育を支持するようになる。一見奇妙に思えるかもしれないが、個人の自由を尊重するがゆえの道徳教育の拒否は、個人の自由を制限するタイプの道徳教育の推進に反転する可能性を秘めているのである。

戦前の日本では、利己主義を戒め、利他主義を説く道徳教育は、「国の
ために自らの命をささげよ」という愛国心教育とも結びついた。だが、国
家の利益のために個人の心や行動に枠をはめる道徳教育という構図は、依
然として過去のものではない。それどころか、むしろ近年ますますその威
力を増しつつあるとも言える（終章を参照のこと）。

2　支配や抑圧を正当化する道徳教育

　一方、リベラリズムの立場からの道徳教育はしばしば厳しい批判にさら
されてきた。これが道徳教育を批判し嫌悪する第3の理由になる。ここで
は二つの代表的な考え方を紹介しておこう。

　一つは、ニーチェ（Nietzsche, Friedrich　1844-1900）の道徳思想から導き
出される考え方であり、利己主義を否定し利他主義を勧める道徳は、自己
否定につながるとする批判である。そのような道徳を受け入れるほどに、
対立や争いをあえて引き受けて毅然と自己の考えを主張し、相手と堂々と
渡り合おうとする英雄的な人間ではなく、隷属状態に置かれてもそこに甘
んじる、自尊心に欠けた柔弱な人間、すなわち奴隷のような人間が生み出
されるだけだ、と批判するのである。このような批判に従えば、道徳教育
を受けるほどに、自分の心の"弱さ"に向き合うばかりで、自己の外の世
界を広く見渡し、その世界を駆け巡ろうとはしなくなる。さらに、心のや
ましさから利他主義に向かったとしても、実際には浅ましい損得勘定が働
いているだけであり、見返りなど期待せずに他者に贈与する寛大で高貴な
精神は逆にむしばまれていく。

　もう一つは、マルクス（Marx, Karl　1818-1883）の思想に影響を受けた
人々の考え方である。それによると、国民国家は資本主義システムの下に
あって、植民地・資源獲得や経済成長をめぐる国家間の競争で優位に立つ
ために、国策に忠実で有能な労働力を大量に必要とする。そのとき道徳教
育とは、国民各人のためというよりも、国家のために役立つ道具＝人材を
養成するための教育にすぎない。しかも、強大な権力を持った国家の統治
機構は特定の階級や利益集団と結びつき、それらの階級や集団にとって有

利な道徳を教えようとする。すなわち、当の階級や集団が別の階級や集団から搾取するとき、そうした支配や抑圧の現実を容認し正当化するための道徳である。より具体的に言えば、支配や抑圧に対して抵抗することを、社会に混乱をもたらし公共の利益を損なう「自分勝手」「わがまま」であるとして非難する道徳である。あるいは、抑圧されている者の怒りや不満を当人の「心の問題」（個人的な問題や家族の問題）としてみなして、支配や抑圧を生み出している社会のあり方という本質的な問題には目を向けさせないようにする道徳である。

　この二つの道徳教育批判には似通ったところがある。共に、道徳教育は個人の心の内側を見つめさせるばかりで、より広い世界や社会に目を向けさせないこと、そのことによって人々を隷属や抑圧の状態に留め置くものであることを指摘しているからだ。このような批判は、「心の教育」としての道徳教育にはとりわけ当てはまると言えよう。

第4節　学校における道徳教育の可能性と課題

1　学校だからこそできること？

　国民国家の要請する道徳教育がこのようにさまざまな問題点を抱えているとすると、学校で道徳教育を行う理由はどこにあるのだろうか。生活の中の道徳教育だけで十分であり、（道徳教育のテキストとしては自己矛盾なのだが）学校での道徳教育は不要だという考え方もあろう。あるいは、学校の道徳教育の任務は、生活全体を通じてなされる道徳教育を補足することに限定すべき、とする考え方もありうる。そうすれば、国家による道徳教育への懐疑（道徳教育への違和感・抵抗感）と、生活の中で「人として当たり前」の道徳を身につけることの大切さ（道徳教育への賛同）のギャップに悩まされずにすむからである。だが、社会が大きく変わりつつある今日、私たちが考えなければならないのはその先だ。

第1に、生活のさまざまな場面でなされる道徳教育という土台部分のとらえ直しである。道徳教育をたとえ教科に「格上げ」したとしても、生活の全体を通じて行われる道徳教育に学校の道徳教育が取って代わることはできない。その点を勘違いして、学校の特定の時間になされる道徳教育だけで事足りるとすれば、本末転倒であり、むしろ道徳教育の弱体化を招くであろう。今日考えなければならないのはむしろ、社会の市場化・消費化・情報化が進むことによって、道徳教育の土台を支えてきた共同体の生活が大きく変容しつつある事態をどのように捉え、それにどう対応するのか、だと言えよう。

　第2は、学校における道徳教育だからこそできることの探求である。これまで学校の道徳教育に対して向けられてきた批判を乗り越えて、そこに積極的な可能性を見いだすことはできないのだろうか。以下では、それを探る中で、学校の道徳教育を有意義なものとするために取り組むべき課題をいくつか提起してみたい（終章で部分的に展開を試みる）。

2　愛国心の再定義

　国家が要請する道徳教育への嫌悪や反感には十分な理由がある。戦前の忌まわしい記憶を引きずっている日本の場合はなおさらである。しかしながら、戦前とは異なって国民が主権者になり、また国民国家のあり方が大きく変容しつつある今日では、国家が要請する道徳教育を戦前とは大きく異なるものとして再定義することもまた可能である。

　たとえば愛国心。国民一人ひとりを自由な個人として等しく扱うことは、近代民主主義に立脚する国民国家の要請でもある。そのとき、国民を主権者たりうる自由な個人として育てるのはもちろんのこと、自由であるための権利や人間らしく生きるための権利を奪われている国民に救済の手を差し伸べることも、国家が要請する道徳教育の目的となりうる。

　そうであれば、グローバル化が進み、国家の主権を十分に発揮できず、国民の分断が進みかねないときにこそ、愛国心は必要になるともいえる。たとえば、国内の貧困者や被災者を救済すること、国民の安定的な雇用を

確保すること、他国への租税回避を食い止めること、そのために国民が身を削る覚悟をすること、これらはいずれも国民への同胞愛を必要とするからだ。

愛国心を持つことは、政府に従順であること、（一部の）国民が不当な犠牲を引き受けること、外国人を排斥しようとすること、自国の優位性を盲目的に信じることと同じではない。あくまでも諸外国との関係の中で日本をよりよき国にしていこうとする姿勢を持つことにほかならない。だとすれば、愛国心を育むことを道徳教育の中にどのように位置づければよいだろうか。

3 公共空間における共生の作法

国家の公共性は従来、「公共の利益や公共のルールを守ること」であった。利己的な個人を利他的な利害・関心に導かれながら国家に統合することが、「公」や「公共」の名の下に目指されてきた。だが、グローバル化などによって国家のあり方が大きく変わっていくこれからの社会では、公共性は別様に理解することもまた必要になる。一言で言えば、国民に限らない多様な人々が行き交い、多様な共同体が交錯する公共空間における共生の作法である。

公共空間では、共同体の道徳と国家が要請する道徳が葛藤することがある。たとえば、顔も名前も知らない同国民と、隣人であったり目の前で苦しんでいたりする外国人に手を差し伸べるとき、いずれを優先すべきなのか。そこにインターネットで見知った地球の裏側の外国人が加わると、話はもっとややこしくなる。自立や権利を重視する男性と、ケア（思いやりや配慮）や人間関係を重視する女性という性差による道徳観の違いも、話をさらに複雑にするかもしれない。

さらに、共同体道徳も互いに葛藤し対立することがよくある。共同体道徳の中身が地域や仕事や社会階層によって異なるとき、道徳の違いに互いに寛容であることがまず必要だとしても、共通の問題を前にしてなんらかの合意（対応策の選択等）を迫られる場合には、寛容を説くだけではすま

ない。しかもグローバル化時代には、考慮すべき共同体はしばしば地球の各地にまで及び、実に多種多様である。

　かくして公共空間では、これらの葛藤や対立の調停を試みることが必要になる。すなわち、多様な共同体や国籍や異なる性に足場を置き、異質な生き方・考え方をする人々どうしが相互に理解し合い、共生していくための作法が必要になるのだ。その作法について教えることもまた道徳教育なのであり、公教育としての学校教育こそがそれを担うにふさわしいとすれば、そこでは何をどのように教えればよいのだろうか。寛容と合意の両方が必要だとして、両者はそれぞれどういう中身であり、それらを実現するためにはどのような知識や態度、あるいは理解力や判断力が求められるのだろうか。

4　暗中模索の教育方法

　学校における道徳教育への批判は、その教育方法にも向けられてきた。「道徳の時間」が目指してきたのは価値の内面化や自覚化である。けれども定番の授業では、資料に描かれた物語の「登場人物の気持ち」を教師が問い、子どもたちは単に教師が想定していた「正解」を当てるだけであり、双方にとって手応えがなく、もっぱら息抜きの時間になっている（息抜きが目的ならもっと気の利いたやり方がある）。

　より改革的な授業では、ノンフィクション資料、自作教材、関係者の手記や手紙、映像や音楽、ロールプレイ、各種の体験活動なども用いられている。だが、いずれも決定版からはほど遠いと言わざるをえない。生活の中でなされる道徳教育が、人間以外の動物とも部分的に共通する、いわば"自然の方法"に従っているのに対して、「道徳」授業で用いられるのは、「脳や身体に刻む」「心に働きかける」といったメタファーに触発されて考案された方法であり、教師の単なる思い込みや錯覚にすぎない可能性があるからだ。

　だからであろうか、格言の復唱・暗唱など、近世の古典的方法への回帰も今日では見受けられる。生活全体を通じてなされる道徳教育を補足する

方法一つとっても、依然として手探り状態にあるのだ。ましてや、価値の内面化や自覚化ではなく、公共空間における共生の作法の教育となると、教育実践そのものがいまだほとんど手つかず状態にあると言ってよい。今日、道徳教育の新しい構想はもちろんのこと、「道徳」授業の大胆な再編もまた求められているのである。

おわりに

　本書を読めばこれらの問題に対する答えがすぐに見つかるわけではない。だが、答えを探すための手がかりはあちこちに見いだすことができよう。本書をきっかけにして読者であるあなたが、よりよき道徳教育を追求する長い旅の最初の一歩を自分自身の足で踏み出し、同じ志をもった人びとと共にその道を切り開いていってくれることを願っている。

【文献一覧】

　　ニーチェ, F.（信太正三訳）『ニーチェ全集11　善悪の彼岸・道徳の系譜』筑摩書房、1993 年

　　松下良平『道徳の伝達：モダンとポストモダンを超えて』日本図書センター、2004 年

　　ミル, J. S.（塩尻公明・木村健康訳）『自由論』岩波書店、1971 年

　　渡辺京二『逝きし世の面影』（平凡社ライブラリー 552）平凡社、2005 年

第1章

学校における道徳教育の歴史
～戦前編～

徳本達夫

はじめに～同時代のことに向き合う

　2013（平成25）年、第2次安倍内閣の下で設置された教育再生実行会議は、いじめ・体罰などの対策の一環として、道徳教育の教科化などを提案した。いじめがこの国の過度な競争的教育環境によってもたらされていることは、国連子どもの権利条約の国際委員会が指摘するとおりである。

　この提案は2007（平成19）年、第1次安倍内閣時代に一度、提案されて、中央教育審議会から否定された経緯がある。いじめ、体罰の問題に限らず、教育問題を総体としてとらえることなしには、対策は対症療法にとどまる。

　道徳教育の教科化とは何を目指すのか。歴史が教えるとおりである。「こんどの戦争でたくさんの青年たちを死なせたのも、一つには自分たち先輩の者が臆病で、いわねばならぬことを、いうべきときにいわずにいたせいだ」という、知識人の一人岩波茂雄の悔恨はどこまで過去のものとなっているだろうか（『職業としての編集者』）。

第1節　道徳教育の歴史を問う視点

1　小説や伝記の中の修身教育

（1）『銀の匙』

　中勘助（1885-1965）の自伝的小説『銀の匙』には、明治中期の修身授業の様子が描かれている。「学科のうちでいちばんみんなの喜ぶのは修身だった。それは綺麗な掛け図をかけて先生が面白い話をきかせるからで」（p.91）あったが、主人公は批判的であった。そして、高等科になった。

　　　私のなにより嫌いな学科は修身だつた…どれもこれも孝行息子が殿様から褒美をもらつたの、正直者が金持ちになつたのといふ筋の、しかも味もそつけもないものばかりであつた。おまけに先生ときたらただもう最も下

等な意味での功利的な説明を加へるよりほか能がなかつた…修身書は人を瞞<ruby>瞞<rt>まんちゃく</rt></ruby>着するものだと思つた（pp.169-170）。（ルビ筆者）

（2）野口英世の例

　日本人になじみの深い野口英世（1876-1928）は、格好の道徳教育の教材とされてきた。その少年時代の英世像は、時代状況によって扱われ方が異なる。立身出世を強調する1930年代においては、「立派な人」になることが目標となり、アジア・太平洋戦争期には、「お国のために」尽くすことが目指される。いずれも英世自身の固い決意による。ところが、戦後は、優しい母親に諭される軟弱な人物として描かれている。

　以上の例からも、道徳教育というものが持たされてきた「非情さ」が見える。何のための、どこに向けての、誰による、誰のための道徳教育であるかを根本から考えることが必要になっている。今日使用されている道徳の副読本における扱われ方も同様である。

2　改正教育基本法

　道徳教育の教科化提案の伏線は、2006（平成18）年12月、自民党・公明党連立政権の「教育基本法改正案」成立にある。準憲法であり、教育の根本法である教育基本法（1947年制定）の改正が、「100時間以上の審議」を経たとして、慎重審議を求める声や、教育学関係者の「反対声明」の下、タウンミーティングでの「やらせ質問」などの実態を露呈しつつなされた。当時、マスメディアなどもそれぞれの立場で報道してきた。しかし、それらは常に歴史的視点を踏まえた報道であったとは言い難い。「青空教室」から60年を経て時代が変わり、いじめや学級崩壊が起きている。だから「改正」が必要であるという流れである。

　しかし、「青空教室」は敗戦の結果生まれた光景である。敗戦は国家政策の誤りの結果である。敗戦を象徴する墨塗り教科書の映像などは、それほど強調されなかった。報道における歴史的視点の問題でもある。

第2節 「学制」の発布と道徳教育

1 「学制」下の修身口授

(1)「学制」

1872（明治5）年、明治政府は欧米列強の帝国主義政策の下、殖産興業・富国強兵・文明開化を合い言葉に西欧型の近代国家の実現を目指した。モデルはフランスの中央集権的制度であり、上からの教育政策を実施した。「学制」の発布による国民皆学政策である。

「学制」の理念は、その前日に出された太政官布告（「学制序文」）、いわゆる「被仰出書」にあるように、五倫の道を重視する伝統的・前近代的な人間観・教育観を否定し、主知主義・功利主義・実学主義の立場を強調するものであった。人智の開発を目指す主知主義への教育観の転換である。四民平等などをうたい、立身出世主義を志向した『学問のすすめ』の著者福澤諭吉（1834-1901）ら洋学系の開明派の考え方がこれに影響を与えた。

(2) 修身口授

「学制」では、初等教育の教科は、下等小学14教科、上等小学18教科であった。道徳教育については、下等小学の第6番目に「修身」という教科が掲げられた。具体的な実施要領である「小学教則」によれば、下等小学第8級から第5級に修身口授（ギョウギノサトシ）が設けられ、週1 ～ 2時間配当されていた。配当授業時間は、下等小学の総時間数の3%弱を占める程度であった。また、上等小学には教科としての「修身」は設置されていなかった。

教材は福澤諭吉訳『童蒙教草』、箕作麟祥訳『泰西勧善訓蒙』など、欧米の倫理書の翻訳が大半であった。翻訳書による授業は児童の日常生活に即したものでなく、授業方法は、教師による教説が主で、実際の授業では教訓型往来物の道徳書が用いられていた。基本的な倫理についての知識理解に重点があった。このように、近代日本の学校における道徳教育の歩みは、教科としての修身の設置として始まった。

2　徳育論争

（1）教育改革と徳育論争

　明治初期の教育改革は朝令暮改の様相を呈した。この頃から一連の教育改革に対する世論の風潮は好意的ではなかった。理念先行の「学制」の土着化は進まず、学校建設への財政的負担などの受益者負担、教育内容の生活面からの遊離などが原因となって、民衆からは不評であった。1879（明治12）年に「学制」は廃止され、同年に「教育令」が制定された。これは「自由教育令」といわれ、教育体制全体が自由で進歩的性格を有していた。教育の権限を大幅に地方に委譲し、地方の自主性を認めたものである。

　教育令での小学校教科は、読書・習字・算術・地理・歴史・修身の初歩と定められた。前近代的な性格の修身はその教科としての位置は低く、修身は必修教科の末尾に置かれた。

　この間、伝統派と開明派との間で公教育における徳育の方針、内容、方法をめぐる論争が展開された。いわゆる徳育論争である。論争は主として、主知主義的教育を批判し、儒教倫理に基づく忠孝仁義の徳育中心主義への転換と、その国教化を主張する天皇侍講・元田永孚（1818-1891）と、これに反対する開明派官僚内務卿・伊藤博文（1841-1909）との論争であった。

　元田らは天皇の名によって「教学聖旨」を示し、知識才芸よりも仁義忠孝に基づく儒教的道徳を確立することを強調した。教育方法的には絵図を活用して仁義忠孝の心を「其幼少ノ始ニ脳髄ニ感覚セシメ」ようとした。批判的精神が育つ前に国家が求める価値観を体得させようという発想である。他方、伊藤らは「教育議」によって主知主義の教育を徹底することを強調し、元田らの考えを批判した。元田は、「教育議附議」を提出し、反論した。結果的にはこの論争は、その後の日本の教育の基本を示すことになる明治天皇の勅令、教育勅語の発布をもたらす前提となった。

（2）教科目の筆頭としての修身

　自由教育令は地方の自治と自由を大幅に認めるものであったが、この方針はかえって教育の混乱を生み、廃校や就学率の低下をもたらした。この

事態に鑑み、政府は就学率を向上させ、道徳教育を重視する文教政策を実施することとなった。当時、盛んになりつつあった欧米の影響を受けた自由民権運動を抑圧し、国民教育を普及徹底するために、教育に対する政府の干渉を強化しようとした。

　1880（明治13）年には、前年制定された「教育令」を改正した「改正教育令」を発布した。修身科は教科目の筆頭に置かれた。修身科の配当時数は、翌年の「小学校教則綱領」では、初等科・中等科で週6時間、高等科で週3時間の配当となった。総授業時間数は、読方に次いで第2位の地位を占めるようになった。修身最優先主義の教育体制の成立である。この修身科筆頭教科体制は、1945（昭和20）年の敗戦に伴う修身科の廃止まで続いた。教育内容面では、儒教倫理が支配的になった。

　これと同時に、教員の品行に対する政府の関与が強化され始めた。国家は、教育内容の統制と併せて、教員の統制を進めるという一例である。1881（明治14）年文部省達「小学校教員心得」は、教員をして道徳教育に力を入れ、「生徒ヲシテ皇室ニ忠ニシテ国家ヲ愛シ父母ニ孝ニシテ長上ヲ敬シ朋友ニ信ニシテ卑幼ヲ慈シ及自己ヲ重ンスル」ことを求めた。こうした動向には、福澤ら開明派が強く反発した。

第3節　教育勅語の発布と修身教育

1　教育勅語

（1）森有礼による教育改革

　徳育論争が続く中、1885（明治18）年、初代伊藤博文内閣の文部大臣に就任した森有礼（1847-1889）は、国家主義的な教育制度の確立に向けてさまざまな改革を行った。運動会や遠足などの学校行事を始めた森は、個別に独立させた諸学校令を制定し、国家主義的な教育制度の根幹を打ち立てた。1886（明治19）年の「帝国大学令」「小学校令」「中学校令」「師範学

校令」の4勅令の制定である。帝国大学令は、大学の使命を「国家ノ須要ニ応ズル学術技芸ノ教授、研究」にあることを明確にした。

　森は、教育を国家経営の大本、基底とみなし、その普及による国民的統一の確立、有能で忠誠心に富む国民の育成を図ることによって国家独立の実現を目指そうとした。森は、普通教育の本源として師範学校を特に重視した。師範学校令では、順良・信愛・威重の3気質の形成が目標とされ、全寮制による軍隊的教育、兵式体操の実施などによって、いわゆる「師範タイプ」と呼ばれる教師が輩出された。日本における学問と教育との二重構造も、森によって樹立された。

（2）「教育ニ関スル勅語」

　明治20年代前後は、道徳教育のあり方をめぐる多様な見解が出され、収拾のつかない混乱状態が続いていた。こうした状態を政府は国民支配体制の危機ととらえ、不変的な教育の指針を立て、混乱の収拾を図ろうとした。こうして出され、その後、1948（昭和23）年の衆議院における「排除」、参議院における「失効確認」の決議時点までの58年間にわたり日本の教育の指針となったのは、「教育ニ関スル勅語（略称　教育勅語）」であった。

　1890（明治23）年、地方長官会議で「徳育涵養ノ議ニ付建議」が提出され、これを契機に、同年11月30日に教育勅語は発布された。教育における「不磨の大典」としての教育勅語である。ここに、国家神道に基づく皇国思想を旨とする道徳教育中心の皇国民教育制度が成立した。

2　国体の精神

（1）教育勅語の内容

　本文315文字から成る教育勅語は、内容的に3段に分けられる。前段で「国体ノ精華」を「教育ノ淵源」すなわち、教育の基本理念に置き、中段で臣民の守るべき徳目14項目を列記し、さらに後段ではこれらが歴史性・普遍性・永遠性を持つものと述べている。

　教育勅語は臣民が守るべき多くの徳目を揚げているものの、それらの徳目が収斂される究極のものは、天皇制イデオロギーの順守であった。「一

旦緩急アレハ義勇公ニ奉シ以テ天壌無窮ノ皇運ヲ扶翼スヘシ」の字句にあるとおり、主な目的は忠君愛国や滅私奉公の徹底であった。この内容は、教育勅語発布の前年の1889（明治22）年発布の大日本帝国憲法が規定する「万世一系ノ天皇之ヲ統治ス」（第1条）を実質化するものであった。かくして天皇制イデオロギーを徹底する教育体制がここに確立された。

(2) 学校教育への浸透

　教育勅語の学校教育への浸透は、同1890（明治23）年制定の改正「小学校令」において、道徳教育を小学校教育の目的とすることによって図られた。小学校の目的は「小学校ハ児童身体ノ発達ニ留意シテ道徳教育及国民教育ノ基礎並其生活ニ必須ナル普通ノ知識技能ヲ授クルヲ以テ本旨トス」（第1条）と規定された。従来の小学校の目標に「国民教育ノ基礎」を付加したものである。ここにいう「国民教育ノ基礎」とは、「尊王愛国ノ士気」を意味する。こうして主知主義を主体とした小学校教育観は、道徳教育と愛国心を重視する方向へ転換していくこととなった。

　翌1891（明治24）年の「小学校教則大綱」は、「修身ハ教育ニ関スル勅語ノ旨趣ニ基キ児童ノ良心ヲ啓培シテ其徳性ヲ涵養シ人道実践ノ方法ヲ授クルヲ以テ要旨トス」と規定され、修身科は教育勅語に即して行うものと規定された。また、具体的な指導目標として、教育勅語の徳目、国家に対する義務などが明確にされた。修身科は名実ともに直接的にこの目的達成のために位置づけられた。しかも、教育勅語は修身科の授業にとどまらず、学校内外のあらゆる機会にその普及・浸透が図られた。

　教育勅語の普及・浸透に特に大きな役割を果たしたのが、儀式や学校行事であった。これらは重要な臣民教化の時空となった。同年の「小学校祝日大祭日儀式規定」は、「学校長教員及生徒／天皇陛下及／皇后陛下ノ　御影ニ対シ奉リ最敬礼ヲ行ヒ且／両陛下ノ万歳ヲ奉祝ス……」と規定された。儀式や学校行事において独得な神秘的・宗教的雰囲気の下、教育勅語の理念は繰り返し教えられた。

　これに先立って、文部省は教育勅語の謄本を作成し、全国の学校に配布し、学校行事の際に奉読する体制が整えられた。教育勅語の奉読と、御真

影の礼拝は、教育勅語体制を維持する上で不可欠であった。学校の校門近くには奉安殿が設置され、臣民教科の時空としての儀式性を増した。児童生徒は登下校の際に最敬礼をするよう強制された。修身科の授業では、徳目主義・人物主義の検定教科書が用いられた。

(3)「不敬事件」

　教育勅語体制は、しだいに国民の内面の自由を奪っていくこととなった。その象徴的な事件が第一高等中学校講師・内村鑑三（1861-1930）に対する「不敬事件」である。キリスト教徒としての良心から勅語奉読式での勅語への礼拝を拒否した内村は、これによって公職を追われた。1891（明治24）年のことである。これ以降、松下良平が言うように、「国家に反抗せず、国家を愛し、国家が定めた方針に国民一体となって付き従う心性」（『道徳教育はホントに道徳的か？』p.86）が日本国臣民の間に醸成されていくこととなった。事大主義であり、事なかれ主義、ひいては誰も責任を取らない無責任体制がはびこる土壌が作られていくことになる。

第4節　国定化時代の修身教科書

　1902（明治35）年に起きた教科書疑獄事件を契機に、明治政府は翌1903（明治36）年から、教科書を検定制から国定制に変えた。教科書の国定化作業に際して、修身・国語・国史などが最優先された。これによって教育勅語の精神を普及・徹底させようとする国家権力の価値観が前面に出されるようになった。国体主義に基づく臣民教育の強化である。

　国定修身教科書の改訂は5期にわたって行われた。各改訂は、それぞれの時代の歴史的・社会的・政治的状況を反映しているものの、基本的には教育勅語の精神に立脚して「国体ノ精華」を強調するものであった。国定修身教科書を価値項目の観点から分析した橋口英俊の研究によれば、5期の内容別の特徴は**図**のとおりである。それぞれの価値項目は、単独にあるのではなく、他の関連項目と絡んでそれぞれの時代の国家からの要請に応

えようとしていることが分かる。

1　第Ⅰ期（1904～1909）・第Ⅱ期（1910～1917）

　第Ⅰ期では、課の題目は徳目主義、内容は人物主義であった。学年ごとの生活領域拡大に即して、徳目が配列された。内容的には、「忠孝」などの徳目を反復して教えることになっているが、特徴的なことは、この時期には近代的・市民的倫理を基調とする開明的なものもあったことである。これに対しては、忠孝道徳を軽視するものであるとの批判が出された。

　第Ⅱ期では、家族主義と国家主義とを結合させた内容である。歴史教育の分野において、南北朝正閏問題に見られるように、学問と教育とは分離され、歴史的事実よりは天皇・国体に関する道徳や忠孝道徳が優先された。国家主義的傾向が見え始める。

2　第Ⅲ期（1918～1932）

　第Ⅲ期では、第一次世界大戦や大正自由教育などを背景にして国際協調

図●国定修身教科書の内容分析

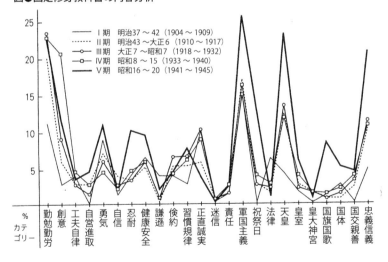

出典：『社会化の理論』p.126

的な平和志向が見られ、公民的・社会的・自主的倫理や国際協調を説く教材が採用され、国家主義・家族主義・儒教倫理的教材は削減された。

　この時期は、一部ではあったが、自由主義教育運動において、修身教育の児童化・生活化が図られた。代表的な実践として、澤柳政太郎（1865-1927）による成城小学校における独自の修身教育の実践がある。澤柳は低学年修身の廃止をはじめ、教科書による修身に反対し、子どもの自由な討論から道徳的課題を発見させ、日常生活の中でその実践を図るという方法を提唱した。子どもの視点からの道徳教育の構想と実践である。しかし、これらの修身教育改造運動も、天皇制教育体制の枠内での方法上・技術上の問題にとどまり、教育目標やその背景となる社会の追究までは及ばず、国定教科書の内容改革にまではつながらなかった。それでも、澤柳らによる一連の教師による自主的活動による実践は、第二次世界大戦後の民主主義教育の素地となる貴重なものであった。

3　第Ⅳ期（1933〜1940）

　第Ⅳ期では、世界恐慌の嵐の下、日本は準戦時体制に入っていく。1931（昭和6）年からの十五年戦争への突入である。満州事変・日中戦争などによって、大陸進出を視野に超国家主体制に彩られた教育となっていった。教科書においても、子どもの心理や生活に即した題材を取り入れるなど、教材の生活化や社会化がなされ、表現的にも文章の改善が行われ、外見面でも表紙、挿絵がカラー化されるなど、子どもに親しみやすい教科書づくりがなされた。しかしこの改善も、要は「忠良なる臣民」の育成という目的達成のための工夫でしかなかった。

4　第Ⅴ期（1941〜1945）

　第Ⅴ期では大日本帝国の破局が近づく。1941（昭和16）年、太平洋戦争に突入し、戦争遂行のため、政府は国家総動員法を公布した。また紀元2600年（1940年）の祭典を国家を挙げて行い、戦争遂行への日本臣民の機運を盛り上げようと文化・教育のあらゆる分野で総動員がなされた。

文教政策の面で言えば、同年に小学校は国民学校と改称され、「皇国ノ道」に即し、「国民ノ基礎的錬成ヲ為スヲ以テ目的トス」る内容になった。従来の教科目群は国民科、理数科、体錬科、芸能科の４教科に再編された。国民科は修身を筆頭に、国語・国史・地理となった。

　皇国民錬成の方法として、毎朝登校の際の奉安殿に対する最敬礼、朝礼での宮城遥拝（きゅうじょうようはい）、詔勅（しょうちょく）の朗読、歩行訓練、教練などが行われ、学校は国家の子ども・少国民錬成の道場と化していった。しかも、日常的に神社の参拝、学校に神棚を設けるなど国家神道の色彩はしだいに色濃くなっていった。当時、国民学校においても体罰は禁止されていたが、「錬成」という名の下に容赦ない体罰が横行した。かくして天皇制イデオロギーがより徹底的になされるようになった。

　修身教科書の「ヨイコドモ」（第1・2学年用）、「初等科修身」（第3〜6学年用）では、超国家主義、軍国主義的な内容が露骨に示された。たとえば、1941（昭和16）年『ヨイコドモ』（下）は、大日本帝国が世界において最も優れた国、神国であることを意識づけようとした。あらゆる資源を戦争遂行に使う時代にあって、挿絵に輝く日本が色刷りで示された。

　　「日本　ヨイ　国、／キヨイ　国。／世界ニ　一ツノ／神ノ　国。／日本　ヨイ　国、／強イ　国。／世界ニ　カガヤク／エライ国」

　戦局の悪化とともに、学徒動員も始まり、教育の代わりに生産労働に明け暮れることとなった。学童の集団疎開も日常化した。相互監視の下での生活は、食糧不足もあって苦しいものであった。そのような事態や教員に対して、子どもは疑問を持ったり、批判することなど思いもよらなかった。ここには、国家を挙げての徹底した教化のみごとな成果が見られた。

　学校教員も、大勢はこの動向に乗り、「大東亜共栄圏建設」を旗印に多くの「少国民」を戦場に送り出した。当時教員であった作家三浦綾子（1922-1999）も天皇のりっぱな赤子を育てるために教えた、極めて熱心で「良心的な」教員であった。教員の多くは「上官の命は天皇の命」と甘受

した。自己の中に確たる教育哲学を持たずに、結果的に国家政策の末端を担う吏員の役を担うこととなった。

　朝鮮人や中国人を強制連行して、「大東亜共栄圏建設」の最底辺労働に当たらせたほか、皇軍の従軍慰安婦として、朝鮮半島をはじめとする女性を強制連行したことが元従軍慰安婦や関係者らの証言によって明らかにされてきた。

　人間兵器となった特攻作戦も実行され、若い命が非業の死を遂げていった全体像が明らかになるのは、ずっと先のことであった。

おわりに

　松下良平が「学校の道徳教育の非情さ」を論ずる中で、戦前と戦後を貫くものとしての愛国心と利己主義と利他主義の共犯関係を指摘するように、戦争責任の不徹底さは、この国の負の歴史の繰り返しを招きかねない。

　歴史的観点からの学びとは、動態的な学びを意味する。歴史的事実を名詞的に学ぶことは、静態的な学びにすぎない。そのような学びは現在進行形の事柄にかかわることにならない。時代の最先端を生き続ける一人として、常に一人称主語の価値選択の主体性が問われる。

　2013年には「主権回復の日」が政府主催で開催された。松下が指摘するように、「国家に反抗せず、国家を愛し、国家が定めた方針に国民一体となって付き従う心性」（『道徳教育はホントに道徳的か?』p.86）から今日の私たちは、どこまで解放されているのだろうか。道徳教育の教科化がもたらすであろう危険性を危惧するのは、杞憂であろうか。詳細は、関連する他の章で論述されるであろう。

【文献一覧】
　井ノ口淳三編『道徳教育』（教師教育テキストシリーズ 11）学文社、2007年
　入江曜子『日本が「神の国」だった時代：国民学校の教科書をよむ』岩波書店、2001年

岩本俊郎・志村欣一・田沼朗・浪本勝年編著『史料道徳教育の研究〔新版〕』
　　　北樹出版、1994年

「子どもたちの昭和史」編集委員会編『子どもたちの昭和史：写真集』大月書
　　　店、1984年

中勘助『銀の匙』岩波書店、1935年

橋口英俊「道徳的社会化」菊池章夫・斉藤耕二編『社会化の理論：人間形成
　　　の心理学』有斐閣、1979年

松下良平『道徳教育はホントに道徳的か？：「生きづらさ」の背景を探る』（ど
　　　う考える？ニッポンの教育問題）日本図書センター、2011年

村井実『道徳教育原理：道徳教育をどう考えればよいか』教育出版、1990年

山住正己『日本教育小史：近・現代』岩波書店、1987年

吉野源三郎『職業としての編集者』岩波書店、1989年

第2章

学校における道徳教育の歴史
～戦後編～

佐久間裕之

はじめに

　我々はこれまで、戦前・戦中における修身を取り上げて、日本の道徳教育のあり方をたどってきた。戦前・戦中における道徳教育の特徴として、①最初から「教科」として登場したこと、②最初は「周辺教科」であったが、尊王愛国の心を養成する「主要教科」「筆頭教科」へと変化したこと、③とりわけ「教育ニ関スル勅語」下の皇国主義・軍国主義教育の中核的位置を占めていたこと、④教育方法として、教科書を読ませることを主とした教科書主義や、徳目の解説を主とした徳目主義が目立ったことなどを挙げることができる。第2次世界大戦後には、社会科の新設や「道徳の時間」の特設などを通じて、これが劇的に変化を遂げることになる。本章では、敗戦後から現代に至る道徳教育の歴史をたどり、この変化を追っていくことにする。

第1節　修身の停止と教育基本法の制定

1　修身の停止

　1945（昭和20）年9月15日、文部省は敗戦後の日本の教育に関する「新日本建設ノ教育方針」を発表した。そこでは、「新日本ノ建設ニ資スルガ為メ従来ノ戦争遂行ノ要請ニ基ク教育施策ヲ一掃」することが宣言されている。しかしその一方で、「今後ノ教育ハ益々国体ノ護持ニ努ムル」ことも示されており、この教育方針は、天皇制に基づく教育体制は保持しようとするものであった。これに対して、戦後日本における教育の民主化路線を方向づけたのが、GHQ（連合国軍最高司令官総司令部）の指令である。GHQは同年、教育政策に関して「四大指令」を行い、特に「修身、日本歴史及ビ地理停止ニ関スル件」（12月31日）の中で、「軍国主義的及ビ極端ナ国家主義的観念」を生徒の頭脳に埋め込まんがために教育が利用されてい

るとして、修身、日本歴史、地理の授業の停止を命じた。ただし、GHQ
は、1946（昭和21）年6月29日には地理の再開を、さらに同年10月12日に
は日本歴史の再開を許可している。しかし修身については、結局、その再
開を許可することはなかった。

2　教育基本法の制定

1946（昭和21）年8月10日、教育改革のための教育刷新委員会が発足し
た。この委員会が、同年12月27日、「教育の理念及び教育基本法に関する
こと」を内閣総理大臣に建議することとなる。これを基に文部省が教育基
本法の法案を作成し、枢密院会議、衆議院、貴族院を通過して、1947（昭
和22）年3月31日、教育基本法が公布・施行された。この法律は、国民主
権、平和主義、基本的人権の尊重などの基本原理を包含する日本国憲法
（1946年11月3日公布、1947年5月3日施行）の精神にのっとり、戦前・戦中の
「教育ニ関スル勅語」に代わって、わが国の教育に関する根本法として制
定されたものである。そして、この法律は、他の法律とは異なり準憲法的
な性格を持ち、また「『道徳的・倫理的な性格』の強い特殊な法律であ
る」（『教育基本法の理論』p.53）とされる点も注目に値する。

教育基本法の前文では、これまでの皇国主義に対して「民主的で文化的
な国家」の建設への決意を、また軍国主義に対して「世界の平和と人類の
福祉」への貢献をうたっており、民主主義的・平和主義的な性格を帯びて
いる。しかも前文に示された理想の実現は、「根本において教育の力にま
つべきもの」として、教育への大いなる期待が示されている。また、その
教育の目的として、第1条には「教育は、人格の完成をめざし、平和的な
国家及び社会の形成者として、真理と正義を愛し、個人の価値をたつとび、
勤労と責任を重んじ、自主的精神に充ちた心身ともに健康な国民の育成を
期して行われなければならない」と記されている。この教育基本法は、戦
前・戦中の「教育ニ関スル勅語」に見られた「一旦緩急アレハ義勇公ニ奉
シ」といった皇国主義・軍国主義的精神から、各人の「人格の完成」を重
視する人格主義的精神への転換を示すものとなっている。（教育基本法第1

条の「人格の完成」という文言は、1946年12月27日の教育刷新委員会建議書及び参考案として出された教育基本法案要綱案においては、「人間性の開発」となっていた。それが文部省の法文化に当たって、最終的には「人格の完成」へと修正されたのである。この修正は、当時文部大臣だった田中耕太郎の強い意思によるものとされている〈『教育基本法の理論』pp.77-78参照〉）

なお、「教育ニ関スル勅語」に関しては、1948（昭和23）年6月19日、「教育勅語等排除に関する決議」（衆議院）および「教育勅語等の失効確認に関する決議」（参議院）がなされ、「教育ニ関スル勅語」の無効・排除が決定された。

第2節　社会科と道徳教育

1　社会科の新設と批判

さて、戦後日本の道徳教育は、具体的にはどのような形で行われることになったのであろうか。まず、文部省は修身に代わるものとして、公民科による道徳教育を行おうとした。文部省内に設置された公民教育刷新委員会は、1945（昭和20）年12月22日、第一次答申を発表し、公民と修身を一体のものとした公民科の確立を提言した。しかし、この公民科は実現せず、教育基本法および学校教育法の下で新たに設けられた社会科によって、道徳教育も行われることになっていくのである。

文部省は小学校と新制中学校の教育に関する新しい法令を制定し、その具体的・実践的な指針として、1947（昭和22）年3月20日、「学習指導要領一般編（試案）」を発表した。その中で社会科の新設について説明を行っている。それによれば、社会科は、①修身・公民・地理・歴史の教科をなくして新設され、②「社会生活についての良識と性格」の育成を目的としており、③修身・公民・地理・歴史をただ一括した科目ではなく、④修身・公民・地理・歴史などの「内容を融合」したものである。しかし、従

来の修身・公民・地理・歴史などの「内容を融合」するという社会科の取り扱いは分かりにくく、「教育の実践現場では相当のとまどいがあった」（『日本の道徳教育』p.170）と指摘されている。いずれにせよ、社会科は修身の内容も融合したものとされ、社会科による道徳教育がうたわれたため、これよって単独で修身に匹敵する教科は、実質的に設定されないことになった。

　1950（昭和25）年8月27日、第二次米国教育使節団が来日した。第一次使節団の勧告事項の進展と成果を研究するため約1カ月間滞在し、9月22日、「第二次訪日アメリカ教育使節団報告書」（第二次報告書）を提出した。この報告書は、「その他教育上の重要な諸問題」の一つとして「道徳および精神教育」を挙げ、「道徳教育は、たゞ社会科だけからくるものだと考えるのはまったく無意味である。道徳教育は、全教育課程を通じて、力説されなければならない」（「第二次報告書」p.203）と批判した。これ以後、道徳教育は社会科を中心に学校教育全体を通じて行うことになっていく（これを全面主義という）。

2　全面主義の道徳教育

　1951（昭和26）年1月4日、教育課程審議会は「道徳教育振興に関する答申」を発表した。この答申では、①道徳教育は学校教育全体の責任であること、②道徳教育を主体とする教科・科目を設けることは不適切なこと、③各学校教育の全般において、発達段階に応じた道徳教育計画の確立が必要なこと、④道徳教育の徹底のため、教師の道徳的資質を高めるように考慮すべきこと、⑤成人の道徳が児童生徒の道徳に大いに関係すること、の5点が指摘された。この答申によって、道徳教育の教科は設けないことが明記された。文部省は、この答申に基づいて、同年2月8日、「道徳教育振興方策」を発表した。この振興方策では、道徳教育を「学校教育のあらゆる機会」、すなわち「各教科および特別教育活動」において行うという全面主義を明記し、「徳目の盲目的実行」を排するという、いわゆる道徳教育における徳目主義を批判した。

こうした道徳教育の振興方策の一環として、文部省は1951（昭和26）年4月24日（小学校宛て）および5月29日（中学・高校宛て）に、「道徳教育のための手引書要綱」を通達した。そこでは、「道徳教育は、学校教育の全面においておこなうのが適当である」（『史料・道徳教育を考える』p.71）と全面主義が明言された。しかし、これは学校教育のあらゆる場面で道徳に関する内容を直接取り上げ、強調すべきであるということではないと釘をさしている。

　1947（昭和22）年の「学習指導要領一般編（試案）」が1951（昭和26）年7月10日に改訂された。その教育課程に関する記述の中で「道徳教育について」という項目を設けて、「民主社会の建設」にふさわしい十分な道徳教育の必要を説いている。また、その具体的方策として、従来のように「徳目の観念的理解」にとどまったり、「徳目の盲目的実行」に走ったりする徳目主義の排除を訴えている。さらに道徳教育は、その性質上、「教育のある部分」などではなく、「教育の全面」で計画的に実施される必要があると、全面主義の道徳教育を主張している。この全面主義を具体化するためには、①社会科をはじめとする各教科の学習や特別教育活動が道徳教育において果たすべき役割を明確化すること、②各教科の学習や特別教育活動を道徳教育において関連づけること、③発達段階に考慮する必要があること、を訴えている。

　これと連動して、1955（昭和30）年12月15日に「小学校学習指導要領：社会科編」が、1956（昭和31）年2月10日に「中学校学習指導要領：社会科編」がそれぞれ改訂された。特に小学校編においては、「社会科における道徳教育の観点」が特記され、「道徳的指導、あるいは地理、歴史、政治、経済、社会などの各分野についての学習」を系統的に、また発達段階に応じて行うことができるように、各学年の目標をよりいっそう具体化している。

第3節 「道徳の時間」の特設

　このように、戦後日本の道徳教育は全面主義へと移行してきた。しかし、その後さらに、道徳に関する独立した教科の設定についての関心が高まり、結局、教科ではないが「道徳の時間」が特設されることになる。その動きを追っていくことにしよう。

1 「道徳の時間」特設化への動き

　1957（昭和32）年9月14日、当時の松永東文部大臣が、「道徳の時間」特設の件を教育課程審議会に諮問した。それを受けて、第4回教育課程審議会初等中等合同会は、同年10月12日、「いわゆる修身復活の意味でなく、道徳教育がこのままでは不徹底であるから特別な時間を設ける」と、道徳教育の時間特設に関する基本方針を打ち出した。こうした特設化への動きに対しては、同年11月4日に日本教育学会・教育政策特別委員会が「道徳教育に関する問題点（草案）」を発表するなど、教育界をはじめ諸方面から多くの批判が出された。そうした批判の要点を整理するならば、①戦前の修身科の復古政策への批判、②日本国憲法の教育原則に基づく批判（教育行政が国民の価値観に踏み込むべきでないとする批判）、③道徳教育の内容や方法の有効性に対する批判、④道徳教科（または授業時間）の特設が教育課程全体に対してもたらす弊害という点からの批判などに分けられる。しかし、特設化の動きはさらに推し進められていく。

　1957（昭和32）年11月9日、教育課程審議会は「小・中学校における道徳教育の特設時間について」を発表する。これは、道徳教育の徹底のために「道徳の時間」を特設するという「中間的な結論」を示す文書であった。これを受けて、同年12月初旬から、文部省内に「教材等調査研究会道徳小委員会」が設けられ、「道徳の時間」の特設を実施する方法が審議されていく。そして、1958（昭和33）年3月15日、教育課程審議会から道徳を含めた教育課程全体の改善方策が答申される（「小学校・中学校教育課程の改

善について」）。そこでは、「学校の教育活動全体を通じて行うという従来
の方針は変更しないが、さらにその徹底を期するため、新たに『道徳』の
時間を設け、毎学年、毎週継続して、まとまった指導を行うこと」（『史
料・道徳教育を考える』p.80）が提言された。同年3月18日、これを受けた
形で、「小学校・中学校における道徳の実施要領について」が文部省通達
として出され、これによって「道徳の時間」の実施方針の要領が示された。
そして1958（昭和33）年4月1日から「道徳の時間」を設置し、毎週1時間
をこれに充てる方針が確立されたのである。

　通達にとどまらず、「道徳の時間」を法制上においても確立するため、
1958（昭和33）年8月28日、文部省令第25号「学校教育法施行規則の一部
を改正する省令」が制定・公布された。この改正で、小・中学校の教育課
程は、「教科」「特別教育活動」「道徳」「学校行事等」の四つの領域から成
るものと規定された。これによって、道徳はかつてのような教科ではない
ものの、教育課程の一つの領域として正式に位置づけられ、「道徳の時
間」が特設されたのである（特設主義の道徳教育）。これ以後、日本の道徳
教育は、全面主義と特設主義を車の両輪として歩むこととなった。なお、
「道徳の時間」の目標、内容、指導計画の作成および指導上の留意事項な
どを明示するため、「小学校学習指導要領：道徳編」および「中学校学習
指導要領：道徳編」が文部省告示として、同日『官報』に発表された。こ
れらは同年10月1日に公示された新しい小・中学校学習指導要領に組み入
れられている。

2　学習指導要領の改訂と「道徳の時間」

　前述した1958（昭和33）年10月1日公示の小・中学校学習指導要領にお
いて、特設「道徳の時間」に関してはどのような記述が見られるか。まず
小学校学習指導要領は、「道徳の時間」の「具体的な目標」について、
①「日常生活の基本的行動様式」、②「道徳的心情・判断」、③「個性伸
長・創造的生活態度」、④「民主的な国家・社会の成員として必要な道徳
的態度と実践的意欲」の四つの柱を挙げている。中学校学習指導要領では、

①「道徳的な判断力」、②「道徳的な心情」、③「創造的、実践的な態度と能力」の三つを道徳教育の柱としている。

　その後、この学習指導要領は、小学校では1968（昭和43）年7月11日、中学校では翌1969（昭和44）年4月14日に改訂された。この改訂において、小・中学校の教育課程はこれまでの四つの領域から、「各教科」「特別活動」「道徳」の三つに変更された。道徳の目標に関しては、「その基盤としての道徳性を養う」との文言が付加された。「道徳の時間」に関しては、「各教科および特別活動における道徳教育と密接な関連を保ちながら、計画的、発展的な指導を通して、これを補充、深化、統合して」というように、文言の修正がなされた。1977（昭和52）年7月23日の小・中学校学習指導要領の改訂では、「道徳の時間」の目標の中に、新たに「道徳的実践力を育成する」ことが付け加えられている。

　1989（平成元）年3月15日の小・中学校学習指導要領の改訂では、道徳の目標に「生命に対する畏敬の念」の育成が追加され、主体性のある日本人の育成も強調されている。「道徳の時間」の目標としては、「道徳的心情を豊かにすること」が強調された。道徳の内容に関しては、小・中学校ともども、①主として自分自身に関すること、②主として他の人とのかかわりに関すること、③主として自然や崇高なものとのかかわりに関すること、④主として集団や社会とのかかわりに関すること、の四つの視点で整理がなされた。

第4節　道徳教育の充実へ向けて

1　「生きる力」の育成と道徳教育

　文部大臣（現・文部科学大臣）の諮問機関・中央教育審議会による「21世紀を展望した我が国の教育の在り方について」の第1次答申（1996年7月19日）は、これからの学校教育のあり方を展望し、「ゆとり」の中で、

子どもたちに「生きる力」を育んでいくことが基本であることを提言した。

　これを受けて、1998（平成10）年12月14日、小・中学校学習指導要領の改訂がなされた。道徳に関する変化としては、学校の教育活動全体で行う全面主義の道徳教育を一層充実するため、道徳教育の目標が総則に掲げられることになった点が挙げられる。道徳教育の推進に当たって、ボランティア活動や自然体験活動などの豊かな体験や道徳的実践の充実も求められた。「道徳の時間」に関しては、その役割と重要性をいっそう明確化するため、「第3章　道徳」の目標において新たに「道徳的価値」の自覚を深めるという視点を加え、体験活動などを生かした「心に響く道徳教育の実施」が求められた。

2　道徳教育の教科化をめぐって

　2000（平成12）年3月24日、内閣総理大臣の私的諮問機関として教育改革国民会議が発足した。同年5月には17歳の少年による凶悪犯罪が続出し、「『命の大切さ』をしっかりと教える時間を持っていただきたい」とする、文部大臣の緊急アピール「各学校へのお願い」が出されるなどした。同年12月22日に出された教育改革国民会議の最終報告「教育を変える17の提案」の中で、「学校は道徳を教えることをためらわない」とし、具体的には小学校に「道徳」、中学校に「人間科」、高校に「人生科」などの教科を設けるなどの提言が行われた。道徳の教科化の問題は、その後も浮上する。たとえば、2006（平成18）年10月10日、第1次安倍内閣が閣議決定によって教育再生会議を発足させた。この会議が2007（平成19）年1月24日に発表した第一次報告書「社会総がかりで教育再生を」において、「徳育」の教科化と感動を与える教科書作りが提案された。さらに2008（平成20）年1月17日の中央教育審議会答申「幼稚園、小学校、中学校、高等学校及び特別支援学校の学習指導要領等の改善について」では、道徳教育の内容面の充実を図るため、専門的な観点から「道徳の時間」を「特別の教科」として位置づけ、教科書を作成することなどが検討されている。しかし、結局のところ教科化は見送られた。ところがさらに、道徳の教科化の問題が

再浮上する。2013（平成25）年1月15日、第2次安倍内閣は閣議決定によって教育再生実行会議を発足させた。この会議は、2013（平成25）年2月26日に「いじめの問題等への対応について」（第一次提言）を発表し、その中で、「道徳を新たな枠組みによって教科化し、人間性に深く迫る教育を行う」として、いじめ問題への取り組みとの関連の中で道徳の教科化を提言した。

　なお、ここで、道徳の教科化・教科書問題との関連で、「心のノート」についても言及しておく。2002（平成14）年4月、文部科学省は、児童生徒に生命を大切にする心や他人を思いやる心、規範意識など、道徳の内容を分かりやすく表し、道徳的価値について児童生徒が自ら考えるきっかけとなるように、全国の小・中学生を対象とする「心のノート」を作成・配布した。このノートは、「道徳の時間」にとどまらず「学校の教育活動全体や家庭や地域において活用されること」を期待されて作られたものである。しかし、その内容は、学習指導要領に示された道徳の内容項目に沿ったものとなっており、「本来教科書の存在しない『道徳の時間』に使えるように編纂されている」（『道徳教育論』p.33）点が批判された。その後「心のノート」は「私たちの道徳」に全面改訂された。

3　愛国心と「特別の教科　道徳」

　2006（平成18）年12月15日、約60年ぶりに教育基本法が改正され、同年12月22日に公布・施行された。この改正教育基本法の第2条「教育の目標」には、「伝統と文化を尊重し、それらをはぐくんできた我が国と郷土を愛する」態度を養うことが明記された。この条文に関しては、いわゆる「愛国心」の強制ではないか、思想・良心の自由の侵害になるのではないか、通知表での評価は不適当ではないか、などが国会審議の過程で論じられている（『逐条解説改正教育基本法』p.52-58）。さらに、2007（平成19）年6月27日の、学校教育法をはじめとする、いわゆる教育三法の改正法公布によって、この条文の内容は学校教育法第21条にも盛り込まれた。ただし、学習指導要領レベルでは、既に「道徳の時間」の特設が明記された1958

（昭和33）年の改訂において、道徳の内容の中に「日本人としての自覚を持って国を愛し」が登場している。教育基本法改正の直近に当たる1998（平成10）年の学習指導要領においても、小学校では「郷土や我が国の文化と伝統を大切にし、先人の努力を知り、郷土や国を愛する心をもつ」とあり、また中学校でも「日本人としての自覚をもって国を愛し」が道徳の内容項目として登場している。つまり「愛国心」は、これまで法律上では明記されていなかったものの、実質的にはすでに公教育の中で扱われてきていたわけである。

　ところで、この「愛国心」をめぐる議論については、すでに比較的長い歴史がある。1950（昭和25）年6月25日に勃発した朝鮮戦争以降、これはたびたび教育論議の表舞台に登場し、その都度、物議を醸してきたと言ってよい。たとえば、吉田内閣下で文部大臣であった天野貞祐（1884-1980）は、高坂正顕（1900-1969）らに依頼して、1951（昭和26）年11月14日、国民道徳の規範となる「国民実践要領」を編纂・発表し、「国家の盛衰興亡は国民における愛国心の有無にかかる」と説いた。しかし、これは「天野勅語」として痛烈に批判され、同年11月27日、白紙撤回している。さらに中央教育審議会は、1966（昭和41）年10月31日、「後期中等教育の拡充整備について」の答申において、その別記として「期待される人間像」を示した。この文書も高坂が中心となって草案をまとめたという（『日本の教育』p.225）。そこでは、第4章「国民として」の第1番目に「正しい愛国心をもつこと」を取り上げて、「国家を正しく愛することが国家に対する忠誠である」「真の愛国心とは、自国の価値をいっそう高めようとする心がけであり、その努力である」と説明している。この文書もさまざまな議論・批判を巻き起こした。

　2008（平成20）年3月28日、小・中学校学習指導要領が改訂された。これは当然のことであるが、その直前の教育基本法および学校教育法の改正を踏まえたものとなっている。したがって、道徳教育においても、「伝統と文化」の尊重と「我が国と郷土」への愛、「公共の精神」や「他国」の尊重、「国際社会の平和と発展」や「環境の保全」への寄与といった、こ

れらの法律に新たに明記された教育目標の実現に取り組むことが求められた。さらに、前述した教育再生実行会議による道徳の教科化の提言を受けて、2014（平成26）年10月21日、中央教育審議会答申「道徳に係る教育課程の改善等について」によって、「道徳の時間」から「特別の教科　道徳」（仮称）へと学習指導要領の改善方針が出された。そして2015（平成27）年3月27日、学校教育法施行規則と小・中学校学習指導要領の一部改正によって、ついに「特別の教科　道徳」として道徳の教科化が実現することとなった。

　現在、2017（平成29年）3月31日告示の、小・中学校学習指導要領の下で「特別の教科　道徳」（道徳科）が実施されている。教科用図書検定に合格した教科書を使用するが、単なる資料読み取などでなく、「考え、議論する」授業方法が求められている。道徳の内容については、従来の四つの視点を踏襲しつつも、「A 主として自分自身に関すること」、「B 主として人との関わりに関すること」、「C 主として集団や社会との関わりに関すること」および「D 主として生命や自然、崇高なものとの関わりに関すること」といったように一部変更されている。なお、愛国心はCにおいて「国を愛する態度」として登場する。つまり、これまで議論を呼んできた愛国心の問題が、ついに教科の中で扱われることになったわけである。道徳の評価は各内容項目ごとでなく「大くくりなまとまり」で扱い、各児童・生徒の個人内評価として記述式で行い、入試の合否判定にも使わないとされている。しかし、評価に対して評価者の価値観や観点が影響することを懸念する声もある。

おわりに

　以上見てきたように、戦後日本の道徳教育は、①「教科」としての修身の否定、②全面主義（教育活動全体を通じての道徳教育）と特設主義（要としての「道徳の時間」、さらに「特別の教科　道徳」）の併存、③教育方法における徳目主義や教科書主義の批判などを特徴としている。しかし、最初

から「教科」として行われていた日本の道徳教育が、なぜ「教科」でなくなり、その後、全面主義と特設主義の併存という特殊な形で行われることになったのか。そして、なぜ道徳の教科化や、愛国心などの徳目への反動が見られるのか。我々は、こうした問題の背景に、いまだに敗戦後の痕跡を読み取ることができるであろう。日本の道徳教育は、敗戦後、外部からの強い干渉を受けて、それまでの歴史や連続性の否定の上に再出発せざるをえなかった。いわば、その後遺症を今なお引きずっていると言えよう。

【文献一覧】

奥田眞丈「日本の道徳教育：その歴史と現状」ジョーンズ,エドワード・A.・ジョーンズ,亨子編『日本の教育：将来への新たな挑戦』日本フルブライトメモリアル基金、2003年、pp.151-191

田中耕太郎『教育基本法の理論〔復刻版〕』有斐閣、1961年

田中壮一郎監修、教育基本法研究会編著『逐条解説改正教育基本法』第一法規、2007年

浪本勝年・岩本俊郎・佐伯知美・岩本俊一編『史料・道徳教育を考える〔3改訂版〕』北樹出版、2010年

林泰成『道徳教育論〔新訂〕』(放送大学教材) 放送大学教育振興会、2009年

堀尾輝久『日本の教育』東京大学出版会、1994年

宗像誠也編『教育基本法：その意義と本質』新評論、1988年

文部科学省『小学校学習指導要領解説『特別の教科』道徳編』廣済堂あかつき、2018年

文部科学省『中学校学習指導要領解説『特別の教科』道徳編』教育出版、2018年

文部省「米国教育使節団報告書」(『文部時報』第834号抜刷、1951年2月)

文部省「第二次訪日アメリカ教育使節団報告書」(『文部時報』第880号、1950年12月)

第3章

子どもと悪

森　佳子

はじめに

　近年、子どものいじめ問題が大きな社会問題になっている。子ども社会の中で、なにげないいたずらや悪ふざけが悪質化し、暴力や恐喝、金銭の強要が被害者を死に至らしめる悲惨な事件を生んでいる。子どもの悪に対して教育は無力なのか、子どもはどうして悪に引き込まれるのか。

　本章では、子どもたちはなぜ悪にひかれ、悪を犯してしまうのか、いかにして悪を克服することができるか、その根底にある道徳教育の問題点を探り、これからの教育の課題を考えたい。

第1節　子どもはなぜ悪にひかれるのか

1　子どもは人間社会の中で成長

　人類は、6,500万年という長きにわたって、過酷な自然の中で生存競争に打ち勝ち、霊長類から直立二足歩行のヒト（属）にまで進化した。人類も動物である限り、さまざまな本能によって種族を保存し、身を守るために群れ、ときには闘争も辞さなかった。

　人は一個の生命体が胎児として成長し、母体の中で約10カ月という短い期間の中で、人類の進化の過程を一気に成し遂げるという。人間社会に誕生した幼児は動物的な本能と欲望を満たしながら成育し、やがて母親の愛情（這えば立て、立てば歩めの親心）に包まれ、一人の人格を持った人間として成長していく。

　しかし成長過程にある幼い子どもは強い欲望や衝動が渦巻いており、道徳価値よりも衝動のエネルギーに動かされ、悪にひかれる弱さを持っている。

　インドでオオカミといっしょに生活していたアマラとカラマ（アヴェロンの野生児）の例が示すように、人は育つ環境により、動物にもなり、人間にもなるのである。つまり人は人間社会の中でしか人間になれないので

ある。人間は社会秩序の中で、動物的本能や欲望を抑制し、コントロールして、善悪を判断できるようになる。しかし現実の子ども社会は、さまざまな精神的な抑圧の中で生きており、キレることもしばしばある。それが反社会的行動となって現れることもある。

　ゆえに親の愛情に包まれた家庭、豊かな人間形成を図る学校や地域・社会の役割はそれぞれに大きいものがある。

2　悪の持つ魔力

　子どもは、「悪い」「叱られる」「罰を受ける」と分かっていても、悪に引き込まれ、知らず知らずのうちに悪の魔力に負けてしまう場合がある。

　子どもは、おもしろ半分のからかいから人間性を否定する「差別」を助長し、責任から逃れるための「虚言」、物欲を抑えられないための「万引き・窃盗」、自己の優位・顕示欲を示すための「暴力」、人を思いどおりに動かすための「強要」、苦しむ姿を楽しむ「冷笑や扇動」「罵倒」「いじめや暴行」などの悪の誘惑に負けてしまう。

　人間は好き嫌いや、快・不快の感情で悪を繰り返すことがある。ほんの小さな悪のきっかけが繰り返されるうちに、快・不快のとりことなり、不正行為から大きな悪に発展してしまうこともある。

　相手を負かす、相手より上位に立つ、相手を見下す心のおごりが悪のすみかとなり、傲慢が常に顔を出して悪の魔力と変じていく。この傲慢に意識的に対峙しなければ自分自身の悪に負けてしまうのである。決して「心の師とはなるとも心を師としてはならない」（日蓮）のである。

3　悪に引き込む人間社会のひずみ

　大人は、子どもを悪から守り、善良な子どもに成長することを誰もが願うものである。しかし家庭・学校や社会のひずみや矛盾がそれを難しくしている現実がある。

（1）崩壊した家庭
　近年の家族構成は2、3世代家族が姿を消し、核家族が増加している。

しかも少子化に伴って親子・兄弟姉妹の人間関係が独立し、個として尊重しあう反面、不干渉となっている。親は、子どもと接する時間が少なくなり、子育ては保育所、教育は塾や学校任せとなっている。

　また子どもにとって一番居心地のよい、愛情に包まれた安らぎの場であるはずの家庭内の人間関係が崩壊し、親の精神的ストレスが子どもへの虐待や育児放棄を招いている場合もある。

　友達が欲しいために万引きを繰り返し、物を周囲にばらまく子ども、家庭での虐待まがいの親のしつけによって暴力的になる子ども、家庭崩壊や貧困のゆえに将来への希望を失って薬物使用に陥る子どもなど、それぞれに自尊感情や人間性が押しつぶされ、人間不信や孤独感に陥り、悪の誘惑に負けていくケースがある。

　子どもの生活の基盤である家庭が経済性や利害得失に惑わされ、利己主義、人間不信、善悪の価値判断の揺れが子どもの道徳性の育成に大きな影響を及ぼしていることは否めない。したがって、子どもの悪の起因をしっかりと見極めることが大切である。

（2）子どもの心の居場所がない学校

　本来、学校は子どもにとって楽しい学びの場であると同時に、豊かな感性を育み、切磋琢磨して集団の一員としての自覚を促すなど、人間としての主体性を培う場所である。

　ところが、子どもたちは年齢が上がるとともに場の雰囲気を読み、摩擦や衝突を回避しながら自分の居場所を求めて、人間関係をつくっていこうとする。空気を読むことに最大の注意を払い、その集団の中で安心して過ごすためには自分の考えや行動を押し込め、その場の雰囲気に合わせようとする。そうした集団に入れない子どもは孤独に追い込まれ、いじめの標的になる。また自分に都合の悪い場合には、平気で他の人の気持ちを踏みにじることもある。そこでは切磋琢磨が薄れ、互いの不信感が生まれ、かかわりを避け、薄くてもろい人間関係の土壌となり、いじめなど悪を傍観する温床となっている。最近問題となっているスクールカーストと呼ばれる構造もその一つである。

そうした子どもの集団構造は、教師や大人がよほど注意深く接していなければ、見過ごしてしまいがちである。

（3）モラルの低下した社会

　現代社会では物質的な豊かさが幸福のバロメーターとなり、物欲を極めたぜいたくな生活に憧れるようになった。また効率主義は科学の発展を見たが、人々は心の豊かさ、生かされていることに感謝することを忘れがちである。人間の尊厳を傷つけ、生命軽視の風潮を招いている。

　暴力行為（言葉を含めて）はいけないと、自分の感情をコントロールする子どものそばで、侮蔑的・自虐的な言動がテレビから流れ出る。正直に誠意ある生き方を目指していながら、オレオレ詐欺をまねて遊ぶ子ども。塾通いに精を出し、一枚のテストで順位づけられて一喜一憂し、「自分以外はみな敵」との友情不在、人間不信に陥っていく子ども。さらに将来の可能性まで否定され、劣等の烙印を押され、夢や希望を失ってしまう子ども。

　子どもが正しい価値観を身につけ行動しようとしても、一歩外に目を向ければ、モラルの低下した大人社会が待ち受けている。子どもを食い物にする子どもポルノやガールズバーの出現、若者に広がりだした薬物乱用などなど、大人社会の悪に引きずり込まれた子どもたちがそこから抜け出るのは容易なことではない。

　近年、少年犯罪の件数は減ってはいるが、犯罪内容の深刻さや再犯率の増加など、大人社会の与える影響は大である。

　こうした大人社会のモラルの低下は子どもの健全な成長を危ういものにしている。子どもは、大人の振る舞いを見てまね、学びながら成長していく。道徳性の発達の初期にある子どもは安易に悪の誘惑に負けてしまう。子どもを取り巻く社会（家庭・学校・地域）の教育環境が絶大であることを再認識しなければならない。現代の子どもの健全な成長発達のためには「（子どもの）教育のための社会」が求められているのである。

第2節 悪を乗り越える道徳教育

子どものいじめ、非行など悪質な暴行事件が報道されるたびに、道徳教育の強化が打ち出される。

基本的な生活習慣や規範意識、自尊感情や思いやりなどの豊かな道徳性を養い、主体的に判断し、適切に行動できる人間を育てることをねらい、道徳教育の充実が図られてきた。しかし家庭や学校教育、そして地域社会全体では、いまだに多くの問題と課題を抱えている。

本節では、悪を乗り越え、よりよい生き方を目指す道徳教育の糸口を探っていきたい。

1　自律への道徳性の育成

「よいことと悪いことの区別をし、よいと思うことを進んで行う」とある（「小学校学習指導要領 道徳」）。子どもは自分の中にある善悪の心と積極的に向き合い、誘惑に引きずられないことが、善の行動を起こす第一歩である。子どもは、その時々に出会う状況の中で多様な反応をしながら、善悪についての判断を下し、よりよい価値観を身につけていく。たとえば、子どもは暴力をふるってはならないと分かっていても相手への感情の対立（憎しみ、怨み、報復など）などが絡み、暴力を抑制できない場合がある。したがって、具体的な状況に即して心の葛藤を経て、悪を抑制できた喜びを体験させ、一人ひとりの内面に自己の生き方として根付くように働きかけることが大切である。

さらに「結果を重視する見方から動機をも重視する見方へ、主観的な見方から客観性を重視した見方へ、一面的な見方から多面的な見方へ」（『小・中学校学習指導要領解説 道徳編』）など、子どもの判断能力の発達に応じた指導が求められる。行為そのもの（結果）より、なぜそうしたのか（動機）を重視することが大切である。自分の心（内面）を見つめ、自分の心をよく知り、自分で自分の悪を抑制する、自律への道徳性を引き出すこ

とが大切である。

2　よりよい生き方に根ざした規範意識の育成

　最近、子どもの悪が悪質化し、犯罪行為として取り扱われるべき行為、たとえば「暴行・傷害」「強要・恐喝・脅迫」「名誉毀損」などが続出している。「学校は、子どもに規律や法・きまりを教え、守らせるようにすべきだ」との声は大きい。確かに個人主義や利己主義が価値観を混乱させている状況において、子どもの規律が乱れ規範意識が希薄になっている。しかし、きまりや規則で縛ろうとすると管理的になり、かえって反抗し、積極的な生き方を押さえつけることになりかねない。

　人々はいろいろな慣習やきまり・法に従って社会生活を送っている。これらの慣習やきまり・法は、人々の生命や財産（所有物・金銭）の安全を図るなど、さまざまな働きがあり、社会生活を円滑に営むうえで、それを守ることがすべての人に求められているものである。そして人が社会の一員としてよりよい生き方をしていくためには、自由の権利とともに、法やきまりを守る義務がある。また、自らがとった悪（反社会的な行動）に対してはどんな動機や状況にあろうとも、責任は自らが負わなければならない。このことを、子どもの発達段階に応じて理解させなければならない。そしてその実践にあたって、学校教育においては、全教育活動を通じて実践化を進めていかなくてはならない。

　この実践化の中で学級や学校のきまりの必要性を考えさせ、自分たちの手でよりよいきまりを作り上げ、それを守ることにより互いのよりよい生き方を確立していく必要がある。

　道徳教育では、法やきまりの意義などを教えるとともに、よりよい生き方に根ざす規範意識を育成することが必要である。日常生活の中で、子どもは相手を思いやる心を持って、誠実に生き、善悪の判断をしながら、自分らしいよりよい生き方を願っている。しかしときにはきまりを守ることのしんどさや守りきれない自分があることにも深く考えさせることが大切である。大人社会への単なる反発心なのか、自己抑制の弱さ、自己主張の

手段からなのか、など深く考えさせ、自己を見つめさせることも不可欠である。

　道徳教育においては、法やきまりを守ることを第一義とするのではなく、日常生活の中で、互いに相手の良さを知り、他者への思いを深め、そして共感的な豊かなかかわりをつくる中で、自ら法やきまりを守る意識を高めることが肝要である。

3　積極的な善の生活

　「自らの中によりよく生きようとする力があることに気付き、それを伸ばしていこうとする意欲をはぐくむ必要がある」(『小・中学校学習指導書要領解説 道徳編』)とある。

　子どもは自分が経験した喜びも、周囲からの称賛も、快として心に響く。自分の行動が認められ称賛されて初めて、その行為が善であると認識する。叱られて悲しい思いをして初めて、その行為が悪であることを自覚し、後悔と反省をする。

　善悪の判断は経験を通して認識する。したがって子どもの悪を抑制し、善を引き出す教育は積極的に善の行動を積み重ねる教育が大切である。相手の立場に立った思いやりのある行動や他から感謝される行動、利他のボランティア活動などを教育活動に積極的に取り入れ、善の行動の喜びを五感で感じ取らせることが大切である。

　東日本大震災の被災地の人々への支援活動を体験した多くの子どもたちは、「今までの価値観や生き方が変わった」と言う。自分中心の生き方から、他の人のために尽くす生き方のすばらしさに気づき、「何らかの形で、他に貢献する生き方を目指したい」と自分を奮い立たせている。利他という善の生活がさらに自分を高め、豊かな人間性、人格を培う道徳性の育成の糧となる。これらの利他の行為は、共に生きて行こうとする崇高な心の発露から生まれたものでもある。我々人間には、こうした善の心が潜在しているのである。

　自己中心的な利己心から他人のために善いことをしようとする利他心へ、

支えられる人から支える人へ、励まされる人から励ます人へと日常的な善の生活習慣・スタイルを身につける。このような善の行動や生活習慣が自らの善性を引き出し、悪を乗り越え善を志向する子どもを育成するのである。

4 悪を乗り越える善の連帯

悪いことをするのと、善いことをしないのは同じだろうか、いじめを目撃しながら、見て見ぬふりをすることは悪を助け、許すことになる。自分自身の心と向き合い（葛藤する）、悪を指摘し積極的に悪と闘う行動を起こさなければ結果は悪をしたことと同じである。いじめを見過ごしたり、傍観したり、冷笑嘲笑する行為は、いじめを助長し、深刻な結果を招くことになる。

悪いことをしなければ善いこともしないという現代の風潮がある。「義を見てせざるは勇なきなり」（論語）といわれるように、一歩踏み出し、行動を起こすには勇気がいるものである。子ども社会では悪を指摘すると、逆に疎外され、いじめの被害者になることもあるが、この勇気ある一歩が大切である。人と苦楽を共有しようとする意思や行動は、傍観者から主体者への転換をなし、善の連帯を強め、悪に負けない土台となる。無関心や傍観を悔い改め、主体的に行動を起こす善の連帯が悪を退散させることにつながるのである。

「蓬生麻中、不扶自直」（「蓬、麻中に生ずれば、扶けずして直し」、荀子・「勧学」）のたとえにあるように、善の連帯によって悪も善の方向に転じることができるのである。

第3節 善を創造する学校教育

学校は、子どもが夢や希望を持って自分の人生をよりよく生きるために、子ども自らが善を創造する場でなければならない。学校は、子どもが尊い

存在であり、かけがえのない一人ひとりであるという教育理念を持ち、教師は、悪にひかれ断ち切れない子どもたちに寄り添い、ともに悪を乗り越え、子どもにかかわっていかなければならない。

本節では「生命尊重の教育」と、子どもの善を引き出す「教師の使命」について考えたい。

1　生命尊重の教育

「自分のことを大切に思い、自分に自信を持ち、他を思いやりながら自他共に幸せに生きていく子ども」を育成する教育が重要である。生命尊重の教育とは、有限の生命だけではなく、無限の生命（精神・心）を尊び、自他ともの生命を尊重する教育である。

自分の生命を尊重することは自尊感情を高めることにつながり、自分の可能性を開くことになる。尊重された子どもは自信を持ち、意欲的に学びを起こし、自己の可能性を拡大する。悪にひかれず、闘う子どもとなる。これは、未来に生きる子どもにとって必要不可欠な価値である。

わが国では、生命尊重の歴史文化が脈々と流れている。古来人間は自然の中に生き、生かされていることに感謝し、畏敬の念を抱いて生きてきた。

親はわが子を尊い生命を持った人間として尊重して育てた。尊重されて育った子どもは自分の生命の尊さを自覚し、自分は尊い存在であるという自尊感情を持ち、人を信頼し、他と共によりよく生きてきた。

日蓮は「いのちと申すものは、一切の財の中の第一の財なり」と生命尊重を説き、また数々の苦難（疫病や災害、国難）を乗り越えるために「蔵の財より身の財すぐれたり、身の財より心の財第一なり」）と、利他の心を説いた（日蓮「立正安国論」）。

先の大戦において、ドイツ・ナチス軍がポーランドに侵攻し、ユダヤ人の逮捕虐殺の危機が迫ったとき、日本国領事・杉浦千畝が、自分の生命を賭けて、リトアニアに脱出してきた6,000人のユダヤ人にビザを発行し、多くの人命を救った。これは、ドイツと同盟関係にあった日本政府の訓令を無視した行為であったが、戦後、人道博愛精神に基づく崇高で偉大な行

為であると称賛されている。

「命の価値は平等であり、他を助けることは人間の本性である」（ビル・ゲイツ）や「自分や家族の幸せを越えて、世界の人々の平和とか、…あるいは人に役立ちたいから、…と他人のために本気で祈ることが人間の祈りの根源的なものである」（遺伝学者・村上和雄）という価値観などは、未来社会に生きる子どもにとって大きな指標であると言える。

このような生命の尊重の行為は善の生き方であり、最も崇高な生き方である。

未来に生きる子どもたちに「互いの生命を尊重し、他者との調和、他者へ貢献する生き方」を求めてやまない勇気と実践力を身につける教育を強力に進める必要がある。

2　子どもを信じきる教師に

教師は子どもの成長過程にあって、未来までも方向づけ、決定してしまうことも少なくない。教師は、どの子どもにも悪を善に変える生命力があることを確信し、子どもとかかわっていくことが肝要である。「自分を理解し、共感し、共に悪と闘ってくれる先生がそばにいる」と感じたとき、子どもは初めて自分の心に向き合い、悪と闘う意欲が出てくるものである。子どもにとって、自分を全面的に信じ、どこまでも真剣にかかわってくれる教師の存在が必要である。

ある日の夕暮れ時、教師のもとに女子高校生から生気のない弱々しい声で、一本の電話が届いた。

「私、死にます…。私なんか居ても居なくても、いっしょなんです。生きていてもしかたがないんです…」と。彼女は小学生時代、両親が離婚し、母親の彼氏が同居。寂しさ故のいたずら電話が出会い系サイトへ。そこで父親への思いを重ねた中年男性と出会い、援助交際へ。やがて自責の念に駆られ、母への思いがつのった矢先、「家を出て行け！」と母親の罵り。親からも見離され、「生きる意味がない」と、死を決意。「最後に誰かに自分の気持ちを聞いてほしくて…」と。胸が張り裂けそうになった教師の

「よく生きていてくれたね、ありがとう」の言葉に、せきを切ったように泣きじゃくる女子高校生。

　この一本の電話が一人の高校生を救ったのである。

　悪をなしたからといって決してその子どもの将来に絶望してはならない。またその子どもの未来に悲観的になる必要もない。悪をなした子どもに、結果としての悪よりも、むしろ悪の行為に至るまでの動機や経過を重視し、主観的・画一的な見方ではなく、客観的・多面的な見方をすることが大切である。「子どもは尊い生命を持った、かけがえのない存在」「子どもには善を志向する心がある」と、教師が信じきったとき、悪に負けず、悪を乗り越え、より良く生きる勇気を奮い立たせる子どもに変えることができると確信する。

　「この先生ありて、子どもの幸せあり。この先生ありて子どもの未来あり」との使命感に燃える教師でありたい。

おわりに

　誰もが悪のない平和な社会の実現を願っているにもかかわらず、悪がさまざまに形を変えて子どもを取り巻いている現実がある。しかし現実の社会で、人間は善悪の中を常に揺れ動きながらも、善を志向する生き方を目指してよりよく生きようとする。ここに人間の尊さがある。

　今、現代社会の悪に翻弄されながら、悪を乗り越え、悪をも善に変える子どもの育成に視点を置いた教育が求められている。「悪をなす自分」をどう考えるのか。悪をなす一方で善をなす自分も存在する。悪をなした後味の悪さや後悔も、善をなしたときの喜びも子どもの健全な心の成長には不可欠である。「悪をなした子どもは悪い子」から、「悪を乗り越えた子どもはすばらしい子」ととらえることが大事である。

　子ども社会の悪を根絶するという視点にとらわれるのではなく、むしろ悪を犯したことにより、善の行為のすばらしさを感じ取ることができる感性豊かな子どもを育成することが重要ではないだろうか。自分の心の中にある善心・悪心をよく見つめ、よりよい人間として成長しようとする勇気

を持たせることがより大切であろう。

　自分の良さを知り、良さを伸ばし、自分らしく夢や希望に向かっていきいきと生きる子ども。さらに自分の良さを他のために使うという使命ある価値的な生き方を目指す子どもの育成を図ることが重要である。

　「人間は物質そのものを造りだすことはできないが、価値を創造することはできる」（教育者・牧口常三郎）との言葉が示唆するように、どんな悪にもすべて意味がある、という価値観、マイナスをプラスに転換する教育を進めていきたい。

　心は心で育つ。教師自らが、子どもへの深い慈愛の心を燃やし、子どもとの生命と生命の触れ合いを通して、互いに啓発し自らを磨き向上していく。そこに教育の原点があり、教育によって悪に対峙する社会が建設される。この使命感に立つ教師こそが、子どもにとって最大の環境となる。

　「子どもにとって最大の教育環境は教師自身である」

【文献一覧】

　池田大作『法華経の智慧：二十一世紀の宗教を語る』〔第3巻〕聖教新聞社、1997年

　梅原猛『梅原猛の授業・仏教』朝日新聞社、2002年

　杉原幸子『六千人の命のビザ〔新版第2版〕』大正出版、1994年

　牧口常三郎『牧口常三郎全集』〔第2巻〕東西哲学書院、1965年

　村上和雄『今こそ日本人の出番だ：逆境の時こそ「やる気遺伝子」はオンになる!』講談社、2013年

　文部科学省『小学校学習指導要領解説 道徳編』東洋館出版社、2008年

　文部科学省『中学校学習指導要領解説 道徳編』日本文教出版、2008年

　文部科学省『高等学校学習指導要領解説 公民編』（〔平成22年〕）教育出版、2010年

第4章

ジェンダーと道徳・教育

林　泰成

はじめに

　本章のタイトルにある「ジェンダー」とは、「社会的・文化的な性の有り様」を意味している。ここではジェンダーと道徳や教育との関連を取り上げるが、特に、道徳観の性差について考えてみたい。性差別は、もちろん、認められるべきではないが、しかし、性差を無視して、男性も女性も同一視することがどのような問題をはらみ、性差を考慮することがどのような意義を有するのかということについても考えてみよう。

第1節　道徳性発達の研究

1　ピアジェの研究

　道徳性の発達についての研究には、さまざまなものがあるが、特に有名なのは、スイスの心理学者ピアジェ（Piaget, Jean　1896-1980）の研究である。彼は、知の個体発生としての認知発達と、知の系統発生としての科学史を重ね合わせて考察する発生的認識論を提唱し、子どもの言語、世界観、数や量の概念などの研究に取り組んだ。そうした研究の一環として、子どもの道徳性の発達についても明らかにしている。

　彼が研究方法として用いたのは、子どもへの質問を中心とした臨床法である。たとえば、二つの話を子どもに聞かせて、どちらがより悪いと思うかを尋ねるというような調査を行っている。具体例を挙げるならば、①食堂へ行こうとして不注意から勢いよくドアを開けたため、置いてあった15個のコップを落として割ってしまった、という話と、②こっそりジャムをなめようとして、戸棚にあったコップを一つ割ってしまった、という話を聞かせて、どちらが悪いかを尋ねるというものである。

　この事例で言えば、前者がより悪いと考える子どもは、コップの数すなわち結果を問題にするのに対して、後者がより悪いと考える子どもは、何

をしようとしていたのかというその行為の動機を問題にする。そして、年齢が上がっていくにつれて、前者を悪いと判断する子どもの数が減り、後者が増えていくという事実が明らかにされる。そこから、結果による判断から動機による判断へと発達していくことが示される。

　他にも、マーブル・ゲーム（おはじきのような遊び）を例に、ゲームの規則の適用の仕方を子どもに尋ねて、ゲーム規則の実行の発達段階を4段階に分けて説明している。第1段階は、純粋に自動的な個人的段階で、子どもは、自分の欲するがままにマーブルをもてあそぶ。第2段階は、自己中心的段階で、規則を模倣するだけで、一人で遊ぶ。第3段階は、初期共同の段階で、仲間と競おうとし始める。第4段階は規則制定化の段階で、規則の全体は仲間全体に共有化される。

　また、規則をどのように意識しているかという観点から、規則の意識の段階も示している。第1段階は、純粋に個人的な段階であり、規則は、意識されていないという意味で強制的ではない。第2段階では、規則は大人から与えられた神聖なものとみなされ、修正できないものとみなされる。第3段階では、規則は同意に基づくものとみなされ、同意を得れば修正も可能なものとみなされる。

　ピアジェの研究は、道徳にかかわる考え方の変化を、事実に基づいて段階的にとらえようとしているという点が大変興味深い。発達や成長は、無段階的に徐々に変化するものとしてとらえることも可能であるのに、ある段階で質的な変化があるとみなされているのである。たとえば、水は、常温では液体であるが、0℃で固体になり、100℃で気体となる。道徳性の発達にもそれと類似した質的な変化があるとみなされたのである。彼のこうした考えは、その後の発達研究に対して非常に大きな影響を与えている。

　ところで、ピアジェが規則について研究を行った際に被験者としたのは、4歳から12、13歳までの男子である。なぜ女子を被験者としなかったのかは分からないが、ピアジェ自身の他の研究では女児にも質問しているので、この点は、性差を考える際には問題点として指摘せざるをえない。

2　コールバーグの研究

　アメリカの心理学者コールバーグ（Kohlberg, Lawrence　1927-1987）は、一言で言えば、ピアジェの研究をさらに発展させたと言える。彼は、道徳的な価値葛藤資料（モラルジレンマ）を用いて、人々がどのように判断し、理由づけするかを調査した。

　コールバーグが用いた有名な価値葛藤資料の一つは、「ハインツのジレンマ」と呼ばれている。要約して述べれば、次のような内容である。「ハインツの妻は、ある病気で瀕死の状態であった。唯一助かる可能性があるのは、最近発見された薬を服用することであるが、それは法外な値段で売られていた。ハインツはお金が足りなくて薬を買えず、後払いにしてほしいと頼んだがそれも拒否された。ハインツは、妻を助けるために、薬屋に盗みに入るべきか、入るべきでないか」というものである。

　この問いかけに対しては、入るべきだと答えても、入るべきでないと答

表●道徳性の発達段階

水準	段　階	特　徴
前慣習的水準	第1段階 罰と服従志向	罰が与えられるから悪いことだと考える。力のある人に従うことが正しいことだと考える。
前慣習的水準	第2段階 道具主義的相対主義志向	道具として役立てばそれは正しいことだと考える。したがって、同じ事柄が、場合によって正しかったり正しくなかったりする。
慣習的水準	第3段階 良い子志向	周りから「良い子だ」と思われたいという視点で考える。
慣習的水準	第4段階 法と秩序志向	法を守ることは絶対に正しいと考える。社会秩序を維持するためには絶対に必要だという視点で考える。
後慣習的水準	第5段階 社会契約的法律志向	法律といえども契約だという考え方ができる。合議のもとで法律を変えることを考えることもできる。
後慣習的水準	第6段階 普遍的倫理的原理志向	法で定められているかどうかとはかかわりなく、自分の中に普遍的な原理が打ち立てられていて、それに従って考えることができる。

　注：コールバーグ自身が、文献によって若干の修正を加えている。ここでは初期の段階で唱
　　　えられたものを中心に、筆者作成

えても、道徳性の発達には関係がないとみなされた。重要なのは、その理由である。たとえば、入るべきだと答えたとしても、自己の利益を優先した理由が出てくるかもしれないし、また、命を守ることの重要性を主張する普遍的な原理に訴えた理由が出てくるかもしれない。この二つの理由を比べれば、常識的に考えても後者の方が優れていると考えることができるだろう。このようにして、コールバーグは、その理由づけを整理し、3水準6段階の道徳性発達段階説を唱えたのである。その3水準6段階は、**表**のとおりである。

　コールバーグは、道徳的価値を順番に教えても、道徳性の発達とは関係がないと考える。発達を促すのは、認知的刺激だからである。価値葛藤状況において、自分では思いつかないが、人から聞かされれば理解できるような理由付けに触れることが発達を促すと考えている。ここには、ヴィゴツキー（Vygotsky, Lev Semenovich　1896-1934）の唱える最近接領域理論にも似た考えが見てとれる。この考え方から生まれた道徳授業の方法がモラルジレンマ授業である。

3　発達研究における段階評価の視点

　発達段階の研究は、ピアジェにしても、コールバーグにしても調査研究に基づいている。事実として、そうした段階が見いだされるということである。子どもが発達するにつれて、規則のとらえ方や、道徳的判断の仕方、あるいは、理由づけの仕方が変化していくということは、それぞれが自分自身の成長を振り返っても理解できることであろうし、それを客観的に調査するということはとても意義深いことだと言える。しかし、たとえば、10歳の子どもの道徳的判断と、20歳の成人の道徳的判断を比べて、後者が発達したと言えるのはなぜだろうか。発達という言葉が価値評価を含んでいないとしたら、そもそもこうした問いは意味を持たないだろうが、しかし、私たちは、こうした発達理論に基づいて子どもたちを教育しようとしている。事実として明らかになったことが望ましいことだと考えられているからこそ、つまり、評価的な要素を含んでいるからこそ、その発達の道

筋に従って教育活動に取り組もうとするのであろう。では、その正しさを根拠づけるものは何だろうか。10歳の子どもが、20歳の成人よりも道徳的に劣っているとみなされる根拠は何だろうか。

　倫理学では、事実（〜である）から当為（〜すべきである）を導き出すことは、自然主義的誤謬と言われ、誤りだとされている。この考えに基づけば、上記のことに根拠はない。しかし、人間のあるべき姿を理想的なものとして措定できないとしたら、教育はできなくなってしまう。実はコールバーグは、「『である』から『べきである』へ」という論文を書いて、意図的にその誤りを犯そうとしている。事実として見いだされた発達段階が、理想的な発達の道筋であると前提して、それに従って道徳性を促進する教育を実践しようとしたのである。

　もし、それが万人に受け入れられるようなものであれば、社会的に認知されたものとして、受容可能だと言えよう。しかし、ここで指摘したこの問題が、性差の問題に関連しても批判の対象になっている。次節では、その問題を取り上げよう。

第2節　ケアの視点からの批判

1　ギリガンのケアという概念

　コールバーグの道徳性発達論に対しては、コールバーグの同僚でもあった女性の心理学者ギリガン（Gilligan, Carol　1937-）が『もうひとつの声』という書物で批判を展開している。主張の要点は、女性の道徳性の発達がコールバーグの描いたのとは異なる道筋をたどるのではないかということである。コールバーグの評定法に従うと、同じ年齢の女性は男性よりも劣っているという結果が出る。特に、同年齢の男性が3段階から4段階へと発達する際に、多くの女性は3段階にとどまる傾向がある。しかし、これは、女性の道徳性が低いのではなくて、男性を被験者として構築された

コールバーグの発達段階説が、もう一つの女性の道徳性を見落としているからだ、とギリガンは言うのである。

　ギリガンは、コールバーグの提示したハインツのジレンマに対する11歳の男の子ジェイクと、同じく11歳の女の子エイミーの反応を取り上げ、両者がそれぞれ異なる道徳性を見いだしているという。ジェイクは、ハインツのジレンマに、論理的・演繹的に解決できる生命と財産との葛藤を見ているが、エイミーは、適切な手当をしなければ人間関係が壊れるという葛藤を見ているという。

　この書物の中では、妊娠中絶という現実のジレンマについての調査も取り上げられている。実際に中絶しようとしている妊婦に対する面接調査であるが、その中で、女性の口から、特定の道徳言語、すなわち、「自己中心的」「責任がある」という言葉が多く出てくるということが明らかにされている。そして、その事実が、コールバーグの描く発達から女性を引き離すのだと主張している。なぜなら、ここにいう「責任」は、具体的な他者や具体的な状況に対する責任だからである。しかし、コールバーグの発達では、具体的な状況を離れて、より普遍的な原理へと向かうことが発達なのである。

　コールバーグの道徳性発達段階説は、正義の倫理を前提にしているといわれる。それに対してギリガンの言う女性の道徳性は、ケアと責任の倫理である。ケアは、他者へのかかわりを示す概念である。他者への配慮とか世話とか、そうしたことを意味している。また、責任は、個別具体的な他者への責任である。女性政治学者のベンハビブ（Benhabib, Seyla　1950- ）は、マーティン・ジェイの編著『ハーバーマスとアメリカ・フランクフルト学派』に収められた論考「一般化された他者と具体的な他者：コールバーグ・ギリガン論争と道徳理論」の中で、「一般化された他者」と「具体的な他者」という言葉を使って、コールバーグとギリガンの違いを述べている。コールバーグが想定する「一般化された他者」の立場は、「個人はだれでもみな、自己自身に帰属させたいと望む同一の権利と義務を与えられた、一人の理性的な存在であることをわれわれに要求する」が、ギリガン

の想定する「具体的な他者」は、「理性的な存在はだれであれ、具体的な歴史、アイデンティティー、および情緒的で感情的な構成を伴う個人とみなすことをわれわれに要求する」。

　私たち人間は皆、特定の状況の中で生きているということを考えれば、個別具体の道徳的判断が状況に影響されるのは当たり前であろうし、そうすることこそが真に人間的なことなのだと言えるのかもしれない。

2　ノディングズのケアリングという概念

　ギリガンはケアと責任の倫理を主張したが、心理学者ということもあって、ケアの発達段階を主張している。それに対して、そうした発達段階という発想そのものが男性原理に基づくものだと主張して、あらゆる普遍的な原理の確立を退けて、ケアの倫理をさらに徹底したのが、女性の教育哲学者ノディングズ（Noddings, Nel　1929-）である。彼女は、ケアではなく、ケアリングという概念を用いている。

　彼女の説くケアリングは、双方向的な関係性を前提にしている。ケアする者とケアされる者を区別したとしても、ケアリングの関係が継続していくためには、ケアされる者からケアする者へのケアもまた必要だと考えるのである。

　彼女が考えるケアの典型例は、赤ん坊をあやす母親である。この場合、母親がケアする者で、赤ん坊がケアされる者であるが、しかし、母親にあやされて赤ん坊が母親に笑いかけるとき、母親は赤ん坊にケアされているとみなされるのである。

　道徳的な判断や行為は、こうしなければならないという義務感に支えられるとカント倫理学では考えるが、しかし、ケアリングでは、ケアしたいという気持ちに突き動かされると考える。では、ケアしたくないという思いが先に出てきたらどうするのか。

　ノディングズは、ケアリングには、自然なケアリングと倫理的なケアリングがあるという。初発の動機としてケアしたいという気持ちが起これば自然なケアリングが発動するが、起こらない場合でも、常識的には、道徳

的な行動が求められる場面というものはあると言えるだろう。そうした場面で行われるのが倫理的なケアリングである。そうするためには、ケアする自己のイメージの受容を促すような取り組みが求められる。それは他者との関係性の意識化である。見ず知らずの他者への親切な行為は難しいが、それが知人ならば、ケアしたいという気持ちが起こると考えるのである。したがって、かかわりを作り出すことが求められるし、学校における道徳教育の中心は、そうした取り組みだということになるだろう。

　実際の道徳教育の方法として彼女が主張するのは、モデリング、対話、訓練、奨励の四つである。

　モデリングとは、大人が手本を示すということである。対話は、深い人格的交わりとしての対話である。訓練は、養護施設や病院などでの体験学習である。奨励は、ケアリング倫理に特徴的な独自の方法で、ケアする自己へのイメージを子どもたちに表明させてそこへ向けて励ますことである。

　さて、こうしたノディングズのケアリングの発想を倫理学説として見たときに、どのようなことが問題となるだろうか。まず気になるのは、普遍的な原理を立てないという特徴である。西洋の学問が普遍性を求めるという特徴を持っているとすれば、それとは全く正反対の発想に立っている。歴史上、相対主義の倫理学説がなかったわけではない。たとえば、フレッチャー（Fletcher, Joseph　1905-1991）の状況倫理がそれである。しかし、フレッチャーは、状況に依存した判断でもうまくいくのは、神の愛が働いているからだというような主張を行っている。しかし、ノディングズは、神の愛をも否定する。そうすると、極端なことを言えば、人を殺すということさえも禁止されなくなってしまうのではないか。事実、彼女は、殺人さえも道徳的に認めることがありうるということを書いている。

　だがこうした批判の仕方そのものが、ケアリングの立場からは批判されることになるだろう。網羅的にさまざまな問題を解決できるような原理原則を立てなければならないという考え方そのものが、すでに男性的だと批判されることになるだろう。

3　正義とケアと道徳性の性差

　ギリガンの『もうひとつの声』と、ノディングズの『ケアリング』の発刊以降、教育学や心理学、道徳教育論の領域で、正義とケアが対立概念として論じられることが多くなった。では、男性の倫理が正義の倫理で，女性の倫理はケアの倫理と言い切っていいのだろうか。この点は、慎重でなければならない。「女性はケアに向いているのだから、家庭で家族の世話をすればいいのだ」というような主張になりかねないからである。ギリガンもノディングズも、そうしたことを言いたいのではない。正義もケアも、男性にも女性にも求められることなのである。ただ、歴史を振り返ってみると、男性の倫理＝正義の倫理、女性の倫理＝ケアの倫理というようなとらえができるということである。しかし、これもまた、これまでの歴史の中で語られてきたジェンダーだと言ってよいだろう。彼女たちが主張したことは、むしろ、個別具体的に個々の人間を見ることが必要だということではないだろうか。なぜなら、性は、単純に2分割でとらえられるものではないからである。

第3節　男の子らしさと女の子らしさの教育

1　男の子らしさと女の子らしさ

　男の子らしさと女の子らしさの教育は、学校教育のさまざまな場面で意識的あるいは無意識的に行われている。さすがに、近年では、男女混合名簿も用いられており、昔と比べれば、男女平等の考え方に敏感になってはいるが、混合名簿に対しては、今でも賛否両論がある。賛成派は、男女別名簿は明らかに男性優位社会の産物なので、混合名簿は当然だと主張する。しかし反対派は、体育の授業など男女別に行われている教育活動を挙げて、その不便さを説く。

男の子を「〜君」と呼び、女の子を「〜さん」と呼ぶ呼名の問題も、学校教育の中で議論されることがある。学校では、よかれと思って子どもたち全員を「〜さん」と呼ぶようにしても、保護者から「男の子をさん付け呼ぶのは変だ。君付けでどこがいけないのか」とクレームがつくこともある。

　学校教育だけの問題ではないが、「男の子は泣かないの」と言って泣きやませたり、「女の子だから、お行儀よくしなさい」と指導したりすることもよくある。そうしたことの繰り返しが、男の子らしさや女の子らしさを作り上げていくと言える。

　では、そうしたことはすべてやめるべきなのだろうか。男女ともに全く平等に扱うことが望ましいことなのだろうか。

　ある社会の中で公認されている区別が、実は差別であり、明らかな人権侵害ということもありうるから、できるかぎり平等に扱うことが望ましいと原理的には言えるかもしれない。しかし一方で、社会的な区別を完全に撤廃したら、困ることもたくさん生じてくるだろう。たとえば、通勤時間帯の女性専用車両についてはどうか。それは、社会的な弱者に対する支援策の一つだと考えれば、あって当然のことであろう。しかし、「社会的弱者」と述べることさえ差別であると、糾弾されるかもしれない。

　こうした問題には、常にセンシティブでいるということが大切だと言える。私たちはその時代やその社会が持っている偏見から自由ではない。無意識的に差別したりしている。だから、敏感でいることが必要なのである。

2　男の子らしさと女の子らしさと道徳教育

　こうした問題が、道徳の問題とも密接に関連していることはすでに明らかだろう。ギリガンやノディングズの理論でさえ、差別せよと言っているわけではないにしても、そのように取られかねない主張が含まれていると言えそうである。

　小学校学習指導要領の「道徳」の内容にも、「男女仲よく協力し助け合う」（第5学年及び第6学年 第2-2-(3)）という文言がある。中学校学習指導要

領の「道徳」にも、「男女は、互いに異性についての正しい理解を深め、相手の人格を尊重する」（第2-2-(4)）とある。

こうした文言を読むと、男女の区別が前提されているかのように思われる。道徳は、慣習を含むものであるから、その社会の中で受け継がれている価値観を前提にするのは、当然のことだと言えよう。それが、男女差別になるからという理由で、別な考えに置き換えるとしたら、今度は、その新しい価値観を誰が提示するのかということが問題になる。

だからこそ、「〜君」「〜さん」という呼称についても、簡単に答えを出せるものではない。その社会が、その時代が、どう考えるかということを考慮せざるをえないのである。

3　人権教育と道徳教育の間

人権教育には、国際標準がある。たとえば、「世界人権宣言」や「人権教育のための世界計画」を国連などの国際機関が提示している。それに対して、道徳教育には国際標準はない。もちろん、道徳教育の枠組みの中に人権教育にかかわる事柄も含まれているから、その一部については、あると言ってもよいかもしれない。しかし、世界各国で共通に取り上げられるべき道徳教育はこうあるべきだというような標準は、今のところ示されていない。

これは、一つには、道徳教育がその国の文化や歴史に根づいた慣習的な道徳を含むからであろうと考えられる。人権侵害にならない範囲内では、それぞれの文化は尊重されなければならない。いいかえれば、道徳教育の内容は、人権教育ともつながるような普遍的なものと、各文化に特徴的な局所的なものの両方から成るということである。

おわりに

ケアの考え方から言えることは、個別の事情を考慮する必要性である。そしてそのことは、男女平等の教育にも当てはまるように思われる。全てが単純化し原理化して取り扱えるほど簡単な問題ではない。性の区別にし

ても、男女の二つだけで済む問題ではない。個々人の個性を確認しながら、それぞれの違いを認め合うこと、つまり、多様性をいかに許容するか、ということが、ジェンダーの問題を考える際に必要なことだと言える。

　もとより、教育の営みそのものが規範的な側面を有している。こうでなければならないという押しつけの面を持っている。だからこそ、教師あるいは教師を目指す者は、個々の子どもたちの特性をしっかりととらえつつ対応しなければならない。

【文献一覧】

　　アスキュー, S.・ロス, C.（堀内かおる訳）『男の子は泣かない：学校でつくられる男らしさとジェンダー差別解消プログラム』金子書房、1997年

　　ギリガン, C.（生田久美子・並木美智子 共訳）『もうひとつの声：男女の道徳観のちがいと女性のアイデンティティ』川島書店、1986年

　　ジェイ, M.（竹内真澄訳）『ハーバーマスとアメリカ・フランクフルト学派』青木書店、1997年

　　ノディングズ, N.（立山善康・林泰成他訳）『ケアリング：倫理と道徳の教育―女性の観点から』晃洋書房、1997年

　　林泰成編著『ケアする心を育む道徳教育：伝統的な倫理学を超えて』北大路書房、2000年

　　ピアジェ, J.（大伴茂訳）『児童道徳判断の発達』（臨床児童心理学3）同文書院、1977年

　　フレッチャー, J.（小原信訳）『状況倫理：新しい道徳』新教出版社、1971年

　　レイチェルズ, J.（古牧徳生、次田憲和訳）『現実をみつめる道徳哲学：安楽死からフェミニズムまで』晃陽書房, 2003年

第 5 章

情報社会の中の道徳教育

上原秀一

はじめに

　1990年代半ば以降、わが国を含む先進諸国でインターネットが急速に普及した。インターネットは、コンピュータどうしを接続する世界規模の情報通信ネットワークである。電子メールの送受信やホームページの閲覧などを通じて、情報のやり取りを電子的に行うことができるようになった。また、2000年代に入ると携帯電話からのインターネット利用も普及した。このように情報通信技術が進歩した情報社会において、青少年の生活も変化し、道徳教育に新しい課題が生じている。本章では、情報社会の中の道徳教育について論じる。

第1節　情報社会の影の部分

1　情報社会とは

　「情報社会」は「情報化社会」と同じ意味の言葉である。国語辞典で「情報化社会」は、「コンピューターや通信技術の発達により、情報が物質やエネルギーと同等以上の資源とみなされ、その価値を中心にして機能・発展する社会。情報社会」と説明されている（『広辞苑』第6版）。

　現代の先進諸国においては、パソコンや携帯電話をインターネットに接続する高度な情報通信技術が広く普及することによって、社会の資源としての情報の価値がしだいに高まっている。そして、パソコンや携帯電話の利用は、急速に低年齢化している。

2　青少年による携帯電話とインターネットの利用

　内閣府が2012（平成24）年に行った「青少年のインターネット利用環境実態調査」（対象は満10歳から満17歳までの青少年3,000人）によると、小学生の81.9％、中学生の85.7％、高校生の85.4％がパソコンを使っていると

回答している。

　また、小学生の27.5％、中学生の56.1％、高校生の98.1％が携帯電話を所有している。3年前の2009（平成21）年には、携帯電話所有率は小学生20.9％、中学生49.3％、高校生97.1％であったので、小中学生の所有率が急激に伸びていることが分かる。携帯電話を所有する小学生の40.8％、中学生の75.3％、高校生の95.4％が携帯電話でインターネットを利用している。

3　情報手段の活用

　情報通信技術を活用するための学習活動は、1990年代末から学校の教育課程に取り入れられた。1998（平成10）年に小学校と中学校の学習指導要領が改訂され、1999（平成11）年に高校と盲・聾・養護学校（現特別支援学校）の学習指導要領が改訂された際に、これら学習指導要領の「第1章総則」において、「コンピュータや情報通信ネットワークなどの情報手段」を活用する学習活動を充実するよう定められた。また、高校では、必履修教科「情報」が新設された。

　2008（平成20）年の小学校と中学校の学習指導要領改訂と2009（平成21）年の高校と特別支援学校の学習指導要領改訂においても、このような情報手段の活用の学習に関する規定が引き継がれている。

4　インターネット上の危険

　このように情報手段の積極的な活用によって社会が発展する一方、情報社会には「影の部分」もあることが指摘されている。インターネット上には、ポルノ画像や暴力画像、誹謗中傷など青少年にとって有害な情報が大量に流通している。また、子どもたちがインターネット上で犯罪に巻き込まれて被害者となったり、他者の人権や知的財産権などの権利を侵害する加害者となったりする危険がある。さらに、子どもどうしでも、インターネット上の学校非公式サイト（いわゆる「学校裏サイト」）やメールなどを使って「ネット上のいじめ」が行われる場合もある。2008（平成20）年に

は、「青少年が安全に安心してインターネットを利用できる環境の整備等に関する法律」が制定され、インターネット利用の環境の整備が、政府全体で目指されている。

5　情報社会の「影の部分」への対応

こうした情報社会の「影の部分」に対応するため、「情報モラル教育」が学校で実施されるようになっている。

文部科学省は、2007（平成19）年に、「情報モラル指導モデルカリキュラム」を公表した。学校における情報モラルの指導内容が五つの分類に整理されている。「1. 情報社会の倫理」「2. 法の理解と遵守」「3. 安全への知恵」「4. 情報セキュリティ」「5. 公共的なネットワーク社会の構築」である。それぞれの分類ごとに、児童生徒の発達段階に応じて大目標・中目標レベルの指導目標が設定されている。

また、同省は同年、情報モラル指導の実践のためのガイドブック「情報モラル指導実践キックオフガイド」を公表している。

第2節　教育課程における情報モラル教育

1　「情報モラル」とは何か

学習指導要領において「情報モラル」という言葉が初めて使われたのは1999（平成11）年のことである。高校の新設必履修教科「情報」で、「内容の取扱いに当たっての配慮事項」の一つとして「内容の全体を通して情報モラルの育成を図ること」と定められた。

2008（平成20）年改訂の小中学校の学習指導要領と、2009（平成21）年改訂の高校・特別支援学校の学習指導要領では、「第1章　総則」に新たに児童生徒が情報モラルを身につける学習活動を充実することが定められた。また、小中学校では、「第3章　道徳」にも情報モラルに関する指導

に留意することが定められた。

　文部科学省は、『小学校学習指導要領解説 総則編』などで、「情報モラル」という言葉を「情報社会で適正な活動を行うための基になる考え方と態度」と定義している（なお、同省による学習指導要領の英訳〈仮訳〉を見ると、「情報モラル」は「information ethics」と訳されている。「情報倫理」である。しかし、「道徳・倫理・習俗」〈『広辞苑』第6版〉を広く意味する「モラル」という語が使われている）。

2　情報モラルの小中学校の教育課程における位置づけ

　「情報モラル」は小中学校の教育課程でどのように位置づけられているのだろうか。小学校学習指導要領「第1章　総則」では、指導計画の作成等に当たっての配慮事項の一つとして、「(9) 各教科等の指導に当たっては、児童がコンピュータや情報通信ネットワークなどの情報手段に慣れ親しみ、コンピュータで文字を入力するなどの基本的な操作や情報モラルを身に付け、適切に活用できるようにするための学習活動を充実する（中略）こと（下線筆者)」が挙げられている。

　中学校学習指導要領「第1章　総則」でもほぼ同様に、「(10) 各教科等の指導に当たっては、生徒が情報モラルを身に付け、コンピュータや情報通信ネットワークなどの情報手段を適切かつ主体的、積極的に活用できるようにするための学習活動を充実する（中略）こと」（下線筆者）が挙げられている。

3　道徳教育の内容との関連を踏まえた情報モラルの指導

　このように総則に掲げられた情報モラル教育は、各教科などの指導において広く行われるだけではない。道徳教育の要である道徳の時間においては、特に指導に留意するよう定められている。

　すなわち、小学校学習指導要領では、「第3章　道徳」の「第3　指導計画の作成と内容の取扱い」の3に、道徳の時間における指導に当たっての配慮事項として、「(5) 児童の発達の段階や特性等を考慮し、第2に示す

道徳の内容との関連を踏まえ、情報モラルに関する指導に留意すること」
が挙げられている。

「主として自分自身に関すること」「主として他の人とのかかわりに関す
ること」「主として自然や崇高なものとのかかわりに関すること」「主とし
て集団や社会とのかかわりに関すること」という四つの視点に整理された
道徳教育の内容（「第2に示す道徳の内容」）との関連で、情報モラルに関す
る指導を行うということである。中学校学習指導要領にも小学校と同様の
記述がある。

4　情報モラルに関する指導内容の具体例

小中学校の『学習指導要領解説 道徳編』は、情報モラルの内容につい
て、「個人情報の保護、人権侵害、著作権等に対する対応、危険回避や
ネットワーク上のルール、マナーなどが一般に指摘されている」と述べて
いる。道徳の時間では、「情報モラルに関する題材を生かしたり、情報機
器のある環境を生かしたりするなどして指導に留意することなどが求めら
れる」としている。

具体的には、「例えば、相手の顔が見えないメールと顔を合わせての会
話との違いを理解し、メールなどが相手に与える影響について考えるなど、
インターネット等に起因する心のすれ違いなどを題材とした指導が考えら
れる。また、ネット上の法やきまりを守れずに引き起こされた出来事などを
題材として授業を進めることも考えられる」と学習内容が例示されている。

第3節　道徳の時間における情報モラル教育

1　『道徳読み物資料集』

文部科学省は、2011（平成23）年に『小学校道徳読み物資料集』（以下
『資料集』という）を、2012（平成24）年に『中学校道徳読み物資料集』を

それぞれ刊行した。これらは、新しい学習指導要領に対応した読み物資料とその活用例を提供するものである。両書に掲載された資料の一部では、情報モラルについても取り上げられている。小学校では29の掲載資料のうち五つが、中学校では16のうち二つが、情報モラルにかかわる資料となっている。

　ここでは、そのうちの一つである小学校高学年用資料を材料として、情報モラル教育と道徳教育の関係を考える。チェーンメールを取り上げた「幸せコアラ」である。チェーンメールとは、「受け取った人がさらに次々と別の複数の人に送り付ける、同じ内容の電子メール」（『広辞苑』第6版）である。資料の全文を引用する紙幅がないが、同書は、文部科学省ホームページでも閲覧できるので、参照してほしい。

　第1節で紹介したように、2012年には満10歳以上の小学生の27.5％が携帯電話を所有している。すなわち、小学校高学年の3分の1の児童が携帯電話を所有しているのである。したがって、小学校高学年では、「幸せコアラ」のように携帯電話の利用方法を考えさせる情報モラル教育が児童の実態に合っている。

2　「幸せコアラ」のあらすじ

　小学校高学年用読み物資料「幸せコアラ」のあらすじは、『資料集』「第2章　読み物資料の活用例」（以下「活用例」という）において、次のように要約されている。

　「本資料は、自分に送られたチェーンメールに戸惑う主人公が、身内の交通事故をきっかけにそれを親友に送ってしまったことから、相手を悲しませたことに思い悩むという内容である。メールの怖さの一端を理解させながら、友達関係について考えさせることができる」

　主人公、夏希の携帯電話に友達の瑞葉からメールが送られてきた。「こんばんは！『幸せコアラ』を送ります。このメールをだれかに送ってください。そうしないと、あなたの幸せが飛んで行ってしまいます」という文面である。本文に続けて、記号を巧みに配置して作ったコアラの顔が描か

れている。瑞葉は、このチェーンメールを夏希に転送した理由を「あれす
ごくかわいいでしょ。だからすぐに夏希に教えてあげようと思って」とし
か説明しない。

　夏希は、「あなたの幸せが飛んで行ってしまいます」という所が気に
なったので、他の人には送らないでいた。しかし2日後、祖母が交通事故
に遭う。夏希は、携帯電話を何度も開けたり閉じたりした後、幼なじみの
恵里に「幸せコアラ」を送信する。「恵里ならわたしの気持ちを分かって
くれる。わたしよりしっかりしているし、こんなメールが来ても気にしな
いかも」と考えたからである。

　しかし数日後、恵里からメモを渡される。「わたしは幸せではないよ。
悲しかったよ」と書かれている。家でこれを読んだ夏希は、涙をこぼし、
メモを手にして父母のところに向かう。このようなあらすじである。

3　「幸せコアラ」による授業の展開例

『資料集』の「活用例」に掲載された「幸せコアラ」の部分を見ると、
「ねらい」として「友達と互いに信頼し合い、友情を深め、仲良くしよう
とする心情を深める」とある。高学年の内容項目2−(3)「互いに信頼し、
学び合って友情を深め、男女仲よく協力し助け合う」に対応している。

　「活用例」には、「幸せコアラ」を読んで、話し合うための発問が、次の
ように例示されている。

　(1)　瑞葉から送られてきた「幸せコアラ」のメールを見た夏希は、どん
　　　なことを思っただろう。

　(2)　祖母の事故のことを聞いた後、何度も携帯電話に残されていた「幸
　　　せコアラ」の文字を読み返す夏希は、どんなことを考えていただろう。

　(3)　恵里からのメモを読んだ夏希は、どのようなことを思っただろう。

　(4)　恵里のメモを手にして父母のところに向かう夏希は、どんなことを
　　　考えていただろう。

　児童の反応は、たとえば発問 (2) の場合、「自分のせいで祖母がけがを
したのかもしれない」と予想されている。

こうした話し合いの後、「大切な友達の心を言葉や態度で傷つけてしまったことはないか話し合う」という活動と、「心のノート『友だちっていいよね』（pp.48-51）を活用し、友達から学んだことなどについて考える」という活動を行うよう例示されている。

4　友情が問題なのか

　この資料を使った授業実践研究の蓄積はまだない。これから研究されるだろう。しかし現時点でも考えるべき問題があるので、指摘しておく。情報モラル教育と道徳教育の関係を考えるきっかけになる問題である。

　夏希は、恵里への友情が足りなかったからチェーンメールを送ったのだろうか。児童は、この資料から友情の大切さを学ぶべきなのだろうか。

　違う。夏希は「幸せコアラ」が怖かったのである。単に友情が足りなかったのではなく、友情に勝る恐怖心があったのである。上記発問（2）に対して予想されている児童の反応のとおりである。

　考えるべき問題を「友情」という狭い範囲に限定している限り、このような哀れな状況がなぜ生まれたのかという思考には至らない。「友情は大切」とか「友情を持とう」という説教で授業が終わることになる。

　チェーンメールは、情報社会で発生している複雑な社会問題である。「幸せコアラ」は、その複雑な社会問題の一端を相当具体的に描いた作品である。児童の日常経験の代理としての機能を授業で果たしうる程度に記述は詳細である。しかし、例示された「友情」をねらいとした展開では、チェーンメールという社会問題を社会問題として考えることができない。友情という個人の感情の問題に還元してしまうことになる。

5　人間の力を超えたものに対する敬意の念

　「本当に『幸せコアラ』のせいで祖母は交通事故に遭ったのだろうか」児童はこの問題を考えるべきである。夏希は「幸せコアラ」を2日間転送しないでいた。そのとき祖母が交通事故に遭った。もしも夏希と同じ状況に立ったら、児童はどうするだろうか。「幸せコアラ」の力を恐れて、友

人にメールを転送するのだろうか。こう問うべきなのである。

　夏希が「幸せコアラ」を転送しなかったことと、祖母が交通事故に遭ったこととは、たまたま同時に起こったにすぎない。偶然である。夏希はこの偶然を必然と信じた。そして「幸せコアラ」の力を恐れた。このように偶然を必然と信じることを「迷信」という。チェーンメールについて正しい認識を持たせるためには、迷信についての正しい認識が必要である。

　小学校学習指導要領に示された高学年の道徳教育の内容には、3−(3)として、「美しいものに感動する心や人間の力を超えたものに対する畏敬の念をもつ（下線筆者）」という項目が含まれている。

　「人間の力を超えたもの」とは何か。『小学校学習指導要領解説 道徳編』では、「芸術作品の内に秘められた人間の業を超えるもの」と「大自然の摂理」が例示されている。こうしたものへの畏敬の念を持たせ、「人間としての在り方をより深いところから見つめ直すことができるように指導することが大切である」と解説されている。

　「幸せコアラ」の力も、人間の力を超えている。メールを転送しなかったら不幸になるというのだから、自然の力も超えている。道徳教育の中で積極的に指導すべき「人間の力を超えたものに対する畏敬の念」と、「幸せコアラ」のような迷信との関係を、どのように理解したらよいのか。これは大人にとっても難しい問題である。しかし、資料「幸せコアラ」を児童に読ませるならば、おのずと現れてくる問題でもある。

6　公徳心の問題

　次に、「チェーンメールは誰が何のためにやっているのか。なぜ有害なのか」という問題を考えるべきである。内容項目4−(1)「公徳心をもって法やきまりを守り、自他の権利を大切にし進んで義務を果たす」（下線筆者）である。

　総務省の「小学生のための情報セキュリティ対策」というホームページに、「チェーンメールに注意しよう」という文章が掲載されている。そこには、「チェーンメールの内容には、いたずら目的の「うそ」や「デマ」

が含まれていることがあります。また、このようなチェーンメールがたくさんの人に広まってしまうと、大量の電子メールが送られることで、ネットワークの速度が遅くなってしまうこともあります」と書かれている。

これを読めば、チェーンメールが公徳心に反する悪質ないたずらであることが分かる。うそやデマで人々を困らせ、またネットワークの速度を遅くして皆に迷惑を掛けるのである。友情の問題ではなく公徳心の問題である。

夏希の友情が足りなかったという問題なのではない。夏希は、公徳心に反するチェーンメールによって、結果として友情を損なうという被害を受けたのである。チェーンメールの問題を真剣に考えさせようとするならば、初めから「友情」という狭い範囲に児童の思考をとどめておくようなことはできなくなるのである。

おわりに

学習指導要領に「道徳教育の内容」として列挙されている「価値」は、日常生活の中で複雑に機能している道徳性を分類して名を付けたものである。「友情」「畏敬の念」「公徳心」、どれもそうである。複雑な生活状況をこれらの価値のいずれかだけで処理することはできない。これは「情報モラル」の問題に限らず当てはまることである。しかし、情報モラルが必要とされる新しい状況の中では、学習指導要領が記述する個々の「価値」と複雑な現実のずれとがいっそう目に見えやすくなるのである。

ところで、情報モラル教育は、学習指導だけではなく生徒指導においても行われる。したがって、本章をきっかけとして、さらに、文部科学省『生徒指導提要』などで生徒指導の観点から情報モラル教育について学習しておくのが望ましい。

道徳教育は、児童生徒の道徳性の育成を直接の目標としている。これに対して、生徒指導は、児童生徒一人ひとりの日常的な生活場面における具体的な問題について指導する場合が多くなる。したがって、生徒指導における情報モラル教育でも、児童生徒が情報手段を利用する際の具体的な危険を回避することが重要とされる。すなわち、児童生徒自身が、被害者と

ならない、加害者とならない、加害行為に手を貸さない、という視点に立った指導が重視されるのである。

　このような生徒指導における情報モラル教育と、道徳教育における情報モラル教育は、性格や機能が異なっている。しかし、両者には密接な関係があり、相互に支え合う関係にある。このように、情報社会の中の道徳教育には、他の教育活動とともに情報モラル教育を担うという新しい役割が課されている。

【文献一覧】

　　文部科学省『小学校学習指導要領解説 総則編』東洋館出版社、2008年

　　文部科学省『中学校学習指導要領解説 総則編』ぎょうせい、2008年

　　文部科学省『小学校学習指導要領解説 道徳編』東洋館出版社、2008年

　　文部科学省『中学校学習指導要領解説 道徳編』日本文教出版、2008年

　　文部科学省『生徒指導提要』教育図書、2010年

　　文部科学省『教育の情報化に関する手引』開隆堂出版、2010年

　　文部科学省『小学校道徳読み物資料集』文溪堂、2011年

第6章

消費社会・市場社会の中の道徳教育

生澤繁樹

はじめに

本章では、消費社会や市場社会における道徳教育の課題や問題について考えてみたい。消費することが生産することよりも重視され、市場において交換可能であることの価値がいっそうの優位性と広がりを見せる社会の中で、道徳のとらえ方はどのように変容し、どのような困難がそこに生じているのだろうか。またそのような社会において、学校で道徳を教えたり、学んだりすることの意味とはいったい何か。消費や市場の原理によって強く支えられた社会を、道徳教育はいかに考慮すべきかについてもここでは考察してみよう。

第1節　消費社会・市場社会を問い直す

1　「消費」と「市場」に支えられた社会

商品であれサービスであれ、生産から離れて何かを消費することや、何かが市場の中で貨幣を通じて取引されることそれ自体は、道徳的に決して悪いことではない。社会の複雑さや多様さの度合いが増せば、当然のことだが、一つ一つ生産の場面から立ち合い、関与しながら消費するのは難しい。また、生きるために不可欠な物資やサービス、あるいは快適さや便利さのために求められる商品や情報など、私たちは自らの手によって生産することができない多くのものを（より良いものが手に入るかどうかはともかく）市場を通して交換し受け取ることができるし、受け取らざるをえない面もある。

一般に、豊かで高度な仕組みを持つ社会になればなるほど、私たちは社会に潜む生産の煩雑さや不便さを縮減するための装置として、消費や市場の原理によって強く支えられたシステムをより多く必要とする。現実の社会生活の中で、実際に私たちがそのようなシステムを手放すことはほぼ不

可能である。これは合理性や効率性をともなう近代の社会がたどり着いた、ある種の工夫や知恵のようなものでもある。現代の社会はそうした消費と市場の原理に、ことのほか色濃く特徴づけられた社会にほかならない。

2　消費社会・市場社会の矛盾？

ところが、極端な側面のみに着目すれば、消費社会や市場社会は、一方で今日さまざまな矛盾を抱えているとも考えられる。そこには、生産から切り離された消費主義それ自体の矛盾や、私的な利益と儲けを求めがちな市場経済の駆け引きに、さまざまな事柄を委ねることそれ自体の矛盾もある。事実、私たちは生産の場面が想像できないために、既成の商品や製品を粗末に扱うこともあるだろうし、資源の有限さや生産の限界を超えて消費し尽くすことの矛盾を、たとえば環境破壊やフェアトレードの問題などを通じて知っている。さらに、市場を支配する貨幣が物事の価値を測る基準として現代社会の中心に深く食い込んでいるとはいえ、市場の交換には回収しにくい（売り買いの対象となりにくい）ものがあることや、市場においては競争と選択が自由という見せかけの中で、往々にして経済的強者が有利となってしまいがちであることも薄々ながら気づいている。

社会学者のリッツァ（Ritzer, George　1940-）が特徴づけたように、現代の大規模に合理化や効率化を推し進める消費と市場の世界は、実のところそこに携わる人々を「脱人間化（dehumanization）」する極めて非合理な結末を社会に提示しているという見方もある。たとえば、従業員と客（生産者と消費者もここに含まれるだろうが）のような一般的な売り買いの場面では、リッツァによれば「人間同士の接触が最小」にとどめられ、個人的な関係が消えかけている。また、提供される商品のほうはと言えば、食べ物であれ、スポーツであれ、政治であれ、労働であれ、そして教育であれ、「万人向きに」消費されるよう「単純化」され「均質化」されている（『マクドナルド化する社会』pp.208-221）。

これらのことは、それ自体が道徳的な問題である。しかしより根本的には、私たちの道徳のとらえ方を変容させ、ときには土台から掘り崩し、ま

た道徳教育がこれまでまともに問い直してこなかった困難やジレンマを
はっきり際立たせるという点で、消費と市場は論争に満ち、現代において
深刻な問題を投げかけていると考えられる。

第2節　「市場」と「道徳」
～うさぎの仕立屋さんから考える～

　たとえばモラルジレンマの資料の中に、「だれのをさきにしようかな」
という小学校低学年向けの教材がある（**資料1**参照）。話の筋は、うさぎの
仕立屋さんが、次々とやってきたお客の誰の洋服から先に作るか迷うとい
う物語である。資料のねらいは「公正公平」という道徳的価値を内容とし
て取り扱うとされており、子どもたちがうさぎに役割取得し、最初にやっ
てきた、さるの洋服を優先させれば「規則尊重」、恐ろしいライオンであ

資料1●「だれのをさきにしようかな」（**文溪堂一部改作**）

> （うさぎ）私は、洋服をつくっています。洋服は一日に一つだけしかつくるこ
> とができません。
> ▼初めに来たのは、さるさんです。
> （さる）明日は、僕のお誕生会だ。急いでつくってね。早く着て、みんなに見
> せたいな。
> （うさぎ）はい、はい、わかりました。急いでつくってあげますよ。
> ▼二番目にきたのは、こわいライオンさんです。
> （ライオン）あした、パーティーがあるんだ。おれの服を早くつくってくれ。
> （うさぎ）ライオンさんのを早くつくらないと、食べられそうだわ。
> ▼三番目にきたのは、なかよしのパンダさんです。
> （パンダ）あした、ピクニックに行くの。ピクニックに着ていきたいから僕の
> ずぼんを早くつくってね。
> （うさぎ）三番目だけど、なかよしだから先につくってあげようかしら。
> （うさぎ）誰の洋服から先につくろうかな。

出典：『道徳教育はこうすればおもしろい』pp.174-175

れば「生命尊重」、仲のよいパンダであれば「信頼友情」といった価値に
それぞれ関連するとされている（『道徳教育はこうすればおもしろい』p.168）。
うさぎは、まさに洋服作りという生産を通して道徳上のジレンマに遭遇し、
大いに悩むわけである。

　考えてみると、理由の中身にもよるが、生命をも脅かすような恐ろしい
事態を回避するという行動原理は、コールバーグ（Kohlberg, Lawrence
1927-1987）の道徳性発達段階に照らしてみれば、道徳的に決して高い水準
にあるとは言えない。また洋服を先に仕立てなかったからといって、友達
関係が壊れるとすれば、信頼や友情とは言えないのではないかという疑問
も数々残る。けれどもこれを「道徳」のジレンマではなく、現代の「市
場」の論理に重ねてみると、この物語の様相はずいぶん変わって見えるは
ずである。なぜなら、商売の存続を左右しかねない致命的なリスクやク
レームを避けたり、お得意先や会員のような特別な顧客を優先的に扱った
りすることは、市場においては十分想定可能な選択肢であるからだ。

　現代の社会においては、一番初めに店先に並んだからといって先着順に
なるとも限らない。市場では、行列代行サービスや航空会社のファストト
ラックサービスのように、一定の料金を支払えば、消費者が行列や順番に
加わらなくとも優先的に目的を達成できる権利が売られることもあるとい
う（『それをお金で買いますか』）。あるいは、洋服に正規価格があるとして、
その何倍もの値段で購入するといったら、さるやライオンやパンダをさし
おき他の動物に洋服が作られることもあるかもしれない。そこでは、通常
の道徳教育が期待する「公正公平」とは裏腹に、ライオンやパンダを優遇
することに、どこか後ろめたさも生じなければ、さるの順番が優先される
べきだという道徳的根拠も大きく揺らぐ。そもそもそれだけ売れるなら、
一日に一着しか作れないという生産ラインをうさぎは改善することだろう。
政治哲学者のサンデル（Sandel, Michael J. 1953-）が批判を込めて言うよ
うに、「市場は人々にたがいに好都合な取引をさせることによって、ある
財を最も高く評価する人にそれを割り当てる。その際の評価を測るのは各
人の支払い意志額」（同上書、p.47）なのである。

第3節 「公正」と「腐敗」
～市場の道徳的限界について考える～

1　お金で買えないものはあるのか？

　このように、市場の論理はしばしば私たちの道徳のとらえ方を揺るがしかねない。そればかりか、あらゆるものが消費化されるとき、そこでは道徳的な善悪の判断基準が転倒したり、それと相反するような帰結が導かれたりすることもある。

　「いったいお金で買えないものはあるのだろうか」と問い直してみるのは、道徳を考えるうえで有意義である。たとえば、紛争地帯への従軍、輸血のための血液、子どもの名前、公共施設の命名権、妊娠代行、汚染物質の排出量、絶滅危惧種のトロフィーハンティング、謝罪代行、友情、名誉、病人や高齢者の生命保険の売買など、先のサンデルによれば、現代はこれまでお金で買えない、あるいはお金で買うことが道徳的に躊躇されてきたものが貨幣の額面に換算され、ビジネスや売買の対象となりうるような時代である（『それをお金で買いますか』）。確かに、市場の論理は、貨幣を通じた市場交換の価値によって全てを値踏みするから分かりやすい。だが、それらを求めたり消費したりすること自体の善悪について考える道徳的な議論を、市場は私たちの思考から隠し、遠ざけてしまうという懸念もある。

2　「道徳」の掘り崩し～「商品化」と「個人化」～

　市場の論理は、今日においては人々の欲望の充足や私的な消費活動と、ますます強固に結びついているように見える。さらにそれがいっそう合理化・効率化され、高度で便利な技術革新によってサポートされると、良くも悪くも従来社会の中で成り立ってきた通念や伝統的な道徳観を、土台から掘り崩してしまう事態も生じる。遺伝子技術を用いた記憶や身体のエンハンスメント、性別の選択は、私たちの既存の道徳や倫理が取り扱う範囲

と予想を超えた一つの論争的な例であろう（『完全な人間を目指さなくても
よい理由』）。あるいは近年、問題となりつつあるショールーミングも、程
度の差は異なるけれども同じである。消費者たちは、たとえば書店、洋服
屋、家電量販店に出かけ、ショールームさながら現物を好き勝手に物色し、
自宅に帰って（もしくは困ったことにお店の中でモバイルを操作し）より安
い値段で流通している商品を別のショップでインターネットを通じて買う
のである。

　現代の社会学者バウマン（Bauman, Zygmunt　1925- ）が指摘するように、
消費と結びついた市場はこうした従来の道徳観や社会通念を掘り崩してし
まう穴埋めに、一方では、共感や同情、他者への善意、友情、愛といった
道徳的な衝動を消費者好みの商品やサービスとして出荷する（『コラテラ
ル・ダメージ』p.124）。皮肉なことだが、贈り物がときに壊れてしまった人
間関係の絆の代償となるように、「私たちはたとえ短い時間でも、私たち
の愛を期待してくれている人々を微笑ませ、喜ばせてやろうと、商店やイ
ンターネットで贈り物を購入する。…クレジットカードから引き落としとして
もらうことは、道徳的義務が他の人々に対して行うよう求める自己放棄や
自己犠牲の代わりとなる」（同上書、pp.126-127）。

　もっと言えば、そこでは道徳それ自体が、功利的な計算や自己実現のた
めの手段となるよう個人化・個別化されているとも言える。宗教社会学者
ベラー（Bellah, Robert N.　1927-2013）たちが『心の習慣』の中で使用した
表現に倣って言えば、道徳的な善さや正しさは、個人自らの欲望や衝動、
自己表現にとってあくまで「戦略的・技術的」な問いである。道徳が客観
的な基準であった時代はもはや過ぎ去り、「いまやそれは己の欲するもの
を獲得し、それを楽しむという主観的な善になってしまった。義務は効用
に取って替えられた。権威は自己表現に駆逐され、『善くある（being
good）』は『いい感じ（feeling good）』となった」（『心の習慣』p.92）のである。

3　「公正の議論」と「腐敗の議論」

　これらのいったい何が問題なのか、議論はいろいろあるだろう。興味深

いことにサンデルは、市場に投げかけられるさまざまな異論を「公正の議論（the fairness argument）」と「腐敗の議論（the corruption argument）」という二つの点から分析している。そこで再びサンデルの説明に即して考察することにしよう（以下、『それをお金で買いますか』pp.157-161）。

　（A）まず市場の論理が問題なのは、第1に「公正」の視点にそぐわないからである。市場を通したやり取りは、端的に言って公平でない。人々の自発性による選択よりも、結局のところ貧しい人や弱い立場にある人に不利な選択の強制を迫り、貧困や格差といった不平等を促進する。市場は一見すると自由で公平な選択と競争の下にあると想定されるが、現実的にはそうではない。市場の交換において取引する能力や財力が弱ければ、人は暴力や貧しさや立場のために、自由意志とは言えない選択（たとえば紛争地帯への従軍や血液の売買など）を強いられることもあるだろう。容易に推察できることだが、誰もが市場における交換の恩恵（公共施設を命名できたり、遺伝子を増強したり、ネットでより安いものを購入して喜んだり、他人の生命保険を買って儲けたり）に浴するとは限らない。

　（B）市場の問題は、さらにそれだけにとどまらない。第2に「腐敗」というより根本的な異論も考えられるとサンデルは言う。要するに、市場の交換に全てを委ねることは、社会や文化に根づいたある種の善さや規範、義務や態度といった道徳の価値や美徳を見失わせ、傷つけ、腐敗させる恐れがある。身体、健康、環境、子ども、家庭生活、親の責務や市民としての義務、あるいは利他心、寛容、社会連帯といった美徳など、市場の原理に回収され消費化されることでむしばまれていく価値はさまざま考えられる。サンデルによれば、「公正の議論」は、あくまで交換や取引をめぐる条件や帰結の「不平等」を問いただすだけで、必ずしもそうした価値が売り買いされること自体を問題とするわけではない。しかし「腐敗の議論」は違う。たとえば、誰かのために輸血すること、誰かに謝罪の意を心から伝えること、友情を持つこと、あるいは絶滅の危機にひんしている動物を保護し、大気汚染から環境を守ることなどは、もちろんそれ自体が絶対的な正しさを示すわけではない。だが、こうした行為や意図の中には、市場

で一律に交換されるべきではない、いわばその社会や人々の間において育まれてきた善さや態度が埋め込まれている。「腐敗」の視点から見れば、それらをまるで消費可能な商品であるかのように扱うことが、そもそも問題なのであり、そのことによって人々がより善く生きるためのさまざまな価値や美徳が堕落し衰弱することに、「腐敗の議論」は市場のより深刻な道徳的限界を見るのである。

第4節 「法」が「市場」を取り締まる

1 四つの規制手段〜シートベルトを締めること〜

　ここで再び確認しておく必要があるのは、「市場」と「道徳」が共に私たちの意思や行動を規制したり、方向づけたりする原理としては異質なものだということである。アメリカの憲法学者レッシグ（Lessig, Lawrence 1961-）は、『CODE』という著作の中で、私たちの意思や行動を規制し制約する働きには、「法」「社会規範」「市場」「アーキテクチャ」の四つの考え方があると述べている。たとえば、わが国の道徳授業の内容には「公徳心」や「遵法の精神」という価値項目があるけれども、シートベルトを締めずに自動車を運転することは決して良いことではない。それでは、社会において人々にシートベルトを締めてもらうにはどういう手段が考えられるか。そのことを例に考えてみよう。

　レッシグのたとえに基づけば、意思や行動を制約する第1のものには、シートベルトを義務づけたり罰則を設けたりするルールや規則のような「法」を制定し、直接規制するという手段がある。第2に、シートベルトを締めない人たちがその意識やふるまいを道徳的に悪いこと、恥ずべきことだと感じるように、人々の間の道徳性や規範意識といった「社会規範」の向上に訴え、教育することによって高める方法もある。そして第3は、これまで見てきた「市場」を介してである。つまり保険会社ないしは自動

車会社が、シートベルトを締める人に対して保険料や車の販売価格を下げ、人々の消費行動や金銭的なインセンティブに働きかければ、きっと違反者は減るだろう。また第4に、そもそもシートベルトを締めなければ自動車のエンジンがかからない、イグニッションロックシステムのような「アーキテクチャ」を自動車のコードとして組み込めば、人々は初めからシートベルトを締めて自動車を運転せざるをえなくなる（以上『CODE VERSION 2.0』p.184）。

2 「法」は「道徳」に代わる手段だろうか？

　レッシグがその著書全体を通して論じることと、ここでは強調点は異なるが、重要なのは、私たちの意思や行動を導く原理は必ずしも「道徳」（ここでいう第2の「社会規範」）だけに限らないということである。私たちの意思や行動は、道徳に限らず、市場や法、あるいは環境にコードとしてあらかじめ組み込まれた設計によっても多分に高められるに違いない。しかし、高められるということは、逆にそれぞれ別の原理によっても、道徳的な意識やふるまいは妨げられたり、道徳的とは言えないような思考へと方向づけられたりするということも同時に意味する。特に法や市場は、道徳上のインセンティブを与えるものとしては脆弱である。なぜなら法が整備されていなければその隙間をくぐって不正を働くことが正当化されたり、市場の中の利潤や利害、消費を満たすことと都合よく合致しなければ、道徳的な意識やふるまいが導かれなかったりすることもあるからだ。

　だがレッシグが言うように、「法」それ自体は、コストに見合えば、人々の規範意識を高める教育に力を入れたり、保険会社や自動車会社に補助金を出したり、イグニッションロックシステムを義務づけしたり、それぞれの規制手段に介入することが可能である（同上書、p.183）。したがって市場に関して言えば、自由な競争と選択の不公正さ、私的利益の追求の行きすぎに対して歯止めをかけるために、法的規制やルールを設けるというのはしばしば見受けられることである。けれども、法的規制やルールもまた、道徳や規範と一見類似しているようで、やはり異なる制約である。

とりわけ「公正の議論」という側面だけを問題とするにすぎないならば、道徳や規範に代わって法が市場を取り締まる手段となりうるのかどうか、あらためて問い直しておく必要があろう。

第5節　「社会的関連」を探る道徳教育へ

1　消費社会・市場社会の「道徳教育」を再考する

　同様に、ショールーミングという事例に話を戻せば、人々の消費者としての良識や良心を教育によって高めたりするだけでなく、サービスの質や価格を改善して消費者を実際の書店や家電量販店で購入するよう市場の競争を通じて働きかけたり、あるいはアーキテクチャとして店内に監視カメラを張りめぐらせショールーミングを予防し、暗にその行為をけん制したりすることは可能である。しかしそれが、私たちの社会の持続可能なあり方や、個人のより善い生き方そのものの「腐敗の議論」に触れることなく、単に市場における迷惑行為やルール違反を、合理的・効率的に律するだけの方策ならば、消費や市場が投げかけるより根本的な問題に対して決して応答したことにはならない。

資料2●公徳心

> 公徳とは、社会生活の中で私たちが守るべき道。
> この世の中で生きていくうえで、他者への配慮や思いやりを大切にして、社会の中の自分の在り方、生き方を考えることは当然のことです。
> でもいまの世の中、自分だけがよければいいという人が多すぎると思いませんか。
> 電車やバスの車内での悪いマナー、空き缶やたばこを無頓着にポイ捨てする人、平気で割り込みしてくる人…。
> こういう人たちが「公徳心のない人」と呼ばれるのです。

出典：『心のノート 中学校』p.90

このような社会における道徳教育としての本質的課題は、社会における消費や市場の原理をいっさい否定することでもなければ、それらがもたらす矛盾を予防し、表面上取り繕うための法令遵守や道徳マナーを再教育することでもないだろう（『道徳教育はホントに道徳的か？』）。文部科学省の『心のノート 中学校』（2002年）の中には、「自分だけがよければいい…そんな人が多くなったと思いませんか？」という項目があり、そこでは「公徳心」を育むことが説かれている（前頁**資料2**参照）。しかし、過剰な消費行動と市場交換によって擦り減った人々の「心」や「気持ち」の変化を嘆き、公徳心やきまりを守るよう「感情」の回復を声高に叫ぶことだけが道徳や社会規範の意味を考えるということでもない。

2　「社会的関連」を発見し、結び合わせる

　むしろいっそう求められることは、消費や市場の原理によって、社会のあり方や個人の生き方がまさにどのように組み換えられ、道徳や規範が何に置き換えられてしまったのか、それらの帰結の複雑な広がりや重大さについて、私たちの消費活動や市場経済のさまざまな知的関連のもとに、あらためて理解し直すことである。教育哲学者のデューイ（Dewey, John 1859-1952）は、私たちが何かを理解するということは物事のさまざまな「社会的関連（social connections）」を発見し結び合わせていくことだと述べている。「意味の理解は、関連の理解、背景の理解に依存する。…経済的という語が金銭的価値をもつものを意味するならば、その直接的、経済的な応用は、付随的であり、副次的であって、しかもその現実的諸関連の一部にすぎない。重要なことは、事実は、その社会的関連において——生活の中でのその機能において——理解されるべきだということである」（『民主主義と教育』p.143）。

　よく知られるように小学校教師であった鳥山敏子は、大量生産・大量消費が過剰を極める1980年代の公立小学校の中で「にわとりを殺して食べる」授業や「ブタ一頭、まるごと食べる」授業を実践した。「小鳥や犬や猫をペットとしてかわいがったり、すぐ『かわいそう』を口にして、すぐ

涙を流す子どもたちが、他人が殺したものなら平気で食べ、食べきれないと言って平気で食べ物を捨てる…自分の手ではっきりと他のいのちを奪い、それを口にしたことがないということがほんとうのいのちの尊さをわかりにくくしている。殺されていくものが、どんな苦しみ方をしているのか、あるいは、どんなにあっさりとそのいのちを投げ出すのか、それを体験すること。ここから自分のいのち、人のいのち、生きもののいのちの尊さに気づかせてみよう」（『いのちに触れる』p.16-18）。

　にわとりやブタの屠畜を通して生と死を取り扱うことによる心や感情へのインパクト、その後に追試されていくもろもろの実践のパッケージ化に比べると、この鳥山の実践が日本の原発と電力消費の問題をはじめ、生産と消費の背景にある労働や差別や人権の、さまざまな社会的関連の問題に取り組んでいたことは、ときに見落とされがちである。消費と市場の原理に支えられた社会の複雑な社会的関連を探るために、道徳教育は何ができるか。何かを教え、学ぶといった教育行為自体が「商品」や「サービス」として消費の対象となりうる社会の中で、道徳を教育するという営みはいっそうの再考を迫られる。どのような役割を果たせるのだろうかということが大きく問われているのである。

【文献一覧】

　荒木紀幸編著『道徳教育はこうすればおもしろい：コールバーグ理論とその実践〔4版〕』北大路書房、1998年

　サンデル, M. J.（林芳紀・伊吹友秀訳）『完全な人間を目指さなくてもよい理由：遺伝子操作とエンハンスメントの倫理』ナカニシヤ出版、2010年

　サンデル, M. J.（鬼澤忍訳）『それをお金で買いますか：市場主義の限界』早川書房、2012年

　デューイ, J.（松野安男訳）『民主主義と教育』〔下〕岩波書店、1975年

　鳥山敏子『いのちに触れる：生と性と死の授業』太郎次郎社、1985年

　バウマン, Z.（伊藤茂訳）『コラテラル・ダメージ：グローバル時代の巻き

添え被害』青土社、2011年

ベラー, R. N.ほか（島薗進・中村圭志共訳）『心の習慣:アメリカ個人主義の
　　ゆくえ』みすず書房、1991年

松下良平『道徳教育はホントに道徳的か？:「生きづらさ」の背景を探る』(ど
　　う考える?ニッポンの教育問題) 日本図書センター、2011年

リッツァ, G.（正岡寛司監訳）『マクドナルド化する社会』早稲田大学出版
　　部、1999年

レッシグ, L.（山形浩生訳）『CODE VERSION 2.0』翔泳社、2007年

第 7 章

グローバル化の中の道徳教育

市川秀之

はじめに

　1960年代以降、グローバル化（またはグローバリゼーション）という言葉が盛んに唱えられるようになっている。この中で、道徳教育は何を課題とし、どのような点に目を向けながら実践を進めていけばよいのだろうか。本章では、まずグローバル化について概説し、そこから取り出される課題として、共に生きるための道徳の創出を挙げる。次に、それを道徳教育で行う際の注意点を述べる。最後に愛国心を取り上げ、道徳教育における扱い方を論じる。

第1節　グローバル化する世界における道徳

1　グローバル化の定義

　まず、グローバル化という言葉を定義しよう。グローバル化とは、世界規模で種々の相互作用が緊密になることにより、遠く離れた場所で起こる出来事が自分の生きる場所での出来事に影響を与えると同時に、その逆も進行するという過程を指す。この言葉は、「社会的相互作用の超大陸的なフローとパターンの規模と範囲が広がっているだけではなく、そのインパクトも強まっていることを表すものである」（『グローバル化と反グローバル化』p.5）。

2　グローバル化の諸次元

　グローバル化には、五つの次元が存在する（『グローバリゼーション』）。一つ目は、経済的次元である。これは、貿易と金融の国際化、多国籍企業の影響力の増大、世界銀行をはじめとする国際経済機関の役割の拡大によって、モノやカネの世界レベルでの流通が盛んになっていることを指す。二つ目は、政治的次元である。これは、紛争などの諸問題に対応するため

に、国際機関や各国政府の政治的相互依存関係が強まり、拡大することを指す。三つ目は、文化的次元である。これは、主にテレビやインターネットなどのメディアが提示する情報、さらには多様な商品の流通によって、さまざまな文化（とりわけ西洋文化）が世界に広がっていくことを指す。四つ目は、エコロジー的次元である。これは、人々が世界規模で環境問題を共有していることを指す。五つ目は、イデオロギー的次元である。これは、グローバル化をどのようにとらえるべきかについてのさまざまな考えが、世界に流通していることを指す。

　これら五つの次元は、別々に存在しているわけではない。たとえば、経済のグローバル化の一側面としての自由貿易の促進には、世界貿易機関（WTO）などの国際機関と各国政府との協力が欠かせないため、政治のグローバル化が必須である。さらに、自由貿易の促進は、それを支えるイデオロギーとしての新自由主義の拡大を伴うことがある。グローバル化は、各次元が相互に関連しながら展開しているのである。

3　道徳の課題

　多様な次元が複雑に絡み合って展開するグローバル化から取り出される、道徳の課題とは何だろうか。それは、この世界で共に生きるための道徳の創出である。

　経済的次元を例にとろう。そもそも、世界規模での金融取引や貿易自体は悪ではない。実際、中国をはじめとして、グローバル化の波に乗って経済的に豊かになった国もある。しかしながら、とりわけサハラ砂漠以南のアフリカ諸国のように、恩恵に預かることができなかった国も存在しており、豊かな国との経済格差が生じている。1970（昭和45）年の時点で世界の所得分布の上位25％に属する国の平均所得は、下位25％の23倍であったが、2010年には29倍になっている（『国家の真の豊かさ』）。また、グローバル化に伴う他国からの安い製品の流入によって、一国内でも単純労働者と高い教育を受けた労働者との間での賃金格差が広がっている（『グローバリゼーションと開発』）。

現実的に考えて、グローバル化の進展は不可避である。とはいえ、経済的次元の例からも分かるように、それによって不利益を被る人が出てくるというのも事実である。

　道徳がグローバル化と交わる地点は、ここである。不可避的に展開するグローバル化がもたらす負の側面を取り除きながら（あるいは放置するという選択肢もあろうが）、この世界で共に生きていくためには具体的に何をなすべきか。道徳は、そうした具体的な行動や施策を根底で支える規範となる。たとえば貧しい国に経済的な援助をする、フェアトレードを行う、環境に優しい商品を購入するといった具体的な行動をとる理由の根底に、道徳が存在する。グローバル化が問題を生み出す以上、人々はそれに対応するための道徳を創出しなければならないのである。

4　国民意識

　この世界で共に生きるための道徳を創出しようとする際に向き合わなくてはならないのが、国民意識、すなわち国籍に基づく我ら〇〇人という意識である。

　グローバル化は国境や境界線を越えて進行するものの、国家を消滅させるわけではない。たとえば、経済のグローバル化において、国家は規制緩和を推進すると同時に、関税をかけるなどして自国の産業を保護することがある。また、環境問題に対応するための国際条約の批准およびその実施は、国家の役割である。グローバル化の影響を受けて役割と機能を変えつつも、国家は生き続けるのである（『グローバル化と反グローバル化』）。

　国家の主な担い手は、国民である。多くの人々にとって当然に映るこの事柄は、共に生きるための道徳の創出を阻害する可能性を持っている。なぜなら、国民意識は、自国民を優先するべきであり、それ以外の国や地域の問題は後回しにすべきであるという考えを生み出しうるからである。たとえば、自国民が経済的に不利益を受けるとしても、グローバル化が生み出す他国の貧困問題を解決すべきかと問われると、答えに窮する人もいるだろう。国民意識に根ざした、自国の人々を優先すべきだという考えは、

ときとして他国の人々の抱える貧困を無視することを伴う。それは結果的に、不平等を生み出すグローバルな構造や、それによって苦しむ人の存在を間接的に肯定することにつながる。

　国境の枠を外して人類全般を平等に扱う手段としては、世界政府の樹立があるだろう。しかし、それは現実的ではない。多くの人々は、ある国家の国民としての意識を持って生活している。グローバル化が進む時代であるからこそ、国民意識に目を向けつつ、共に生きるための道徳の創出を行わねばならないのである。

第2節　グローバル化を題材に
道徳教育を実践するために

1　学校教育との関連

　『中学校学習指導要領解説 道徳編』第2章第2節「道徳教育の目標」(5)には、「他国を尊重し、国際社会の平和と発展や環境の保全に貢献する人間を育成する」という文言がある。他国の尊重や平和の実現、さらには環境の保全には、多様な人々や生物との共生への志向が欠かせない。グローバル化という視点は、国際理解や環境など、これまで個別のトピックから行われてきた道徳教育を相互に関連させ、共に生きるための道徳をより包括的に創出することを可能にする。

　第1節でも述べたように、グローバル化の次元は多岐にわたっている。それら全てを道徳の時間で扱いつつ、共に生きるための道徳を創出するのは不可能である。そこで必要となるのが、各教科や総合的な学習の時間などとの連携である。たとえば、社会科で経済や文化のグローバル化を、理科で温暖化のしくみなどを扱う際、それらについての学習で得た知識を用いて道徳の時間を展開できるだろう。また、総合的な学習の時間で行われる国際理解教育や環境教育は、テーマそのものがグローバル化と密接にかかわっている。そのため、総合的な学習の時間の中で道徳上の課題について考えることもできる。扱いうる話題が多岐にわたり、かつそれらが相互

に影響を与え合うという複雑さを有しているからこそ、グローバル化を題材にした道徳教育は、学校教育で学ばれるさまざまな事柄を生かすべきである。

2　道徳への深い理解

　各教科や総合的な学習の時間などと連携しつつ、グローバル化を題材に道徳教育を行うに当たって心がけるべき事柄がある。それは、道徳についての深い理解を促すということである。松下良平に従えば、深い理解とは、理由のみではなく選好（行為の結果に対する価値づけ）も含んだ理解を指す。たとえば、「○○してはいけない」という禁止の深い理解は、なぜその行為をしてはいけないのかという理由に加え、それをした場合にもたらされる事態の否定的な価値づけも含んでいる（『知ることの力』）。選好は、経済・政治状況や歴史が複雑に絡み合って成立している。加えてそれは、メディアや家族、友人などからも影響を受けている。

　「貧困に苦しむ人を助けるべきだ」「各民族の文化を尊重すべきだ」という意見は、文字面だけ見れば多くの人が同意するだろう。しかし、それらが表面的な理解にとどまっていれば、多くの人々は実際に問題解決に向けて行動しないだろう。いわゆる、「分かっているけどできない／やらない／やる気がない」という状態を避け、共同で練り上げた道徳を思考や行動の礎として生かすためには、道徳教育の現場において、選好の変容を含んだ深い理解をつくり出す必要がある。

　グローバル化という視点から考えると、第1節で触れた国民意識は、選好を検討する際に外すことができない。なぜなら、国民意識が生み出しうる自国優先の考え方は、グローバルな課題の解決に向けた思想方法や行動に否定的な価値づけをするという形で、人々の選好に影響を及ぼしうるからである。共に生きるための道徳を創出するためには、この意識を検討対象として選好の変容を促し、ある規範についての深い理解を獲得するよう促すべきである。

　ポッゲ（Pogge, Thomas W. M.　1953-）の論は、このことについて考える

際に有用である。グローバルな貧困問題に着目するポッゲは、他国の人間の貧困問題の解決よりも自国の問題を優先的に扱うべきだという考え方に反対する。ポッゲによれば、豊かな国の人間たちは、不正を伴うグローバルな制度を放置している。その結果、他者が不当に害されないことを担保する義務を怠り、人権を踏みにじるという道徳的な過ちを犯している（『なぜ遠くの貧しい…』）。この道徳的な過ちは、国内も国外も関係なく否定的な価値づけをすべきである。それゆえ、たとえ他国の人間であっても貧困にあえいでいるならば、自国の人々と同様に助けるべきである。人々は国民意識を捨てる必要はないが、それに基づく自国民の利益のみに価値を見いだすことは、グローバルな貧困問題の解決を目指すためには望ましいとは言えない。

　こうした考え方が唯一の正解というわけではない。だが、国民意識を考慮しながら選好の変容を促し、貧困に苦しむ他国の人々を助けるべきと主張している点において、ポッゲの論は共に生きるための道徳についての深い理解を示す好例となっている。

3　深い理解を得るための道徳教育

　深い理解を伴った、共に生きるための道徳を創出するには、どのような教育をすればよいのだろうか。学校における道徳教育では、特定の徳目を教師が児童生徒に教えるというアプローチが採用されがちである。このアプローチは、皆が身につけるべきとされる道徳的価値を教師が効果的に伝達できるという利点を有している。

　だが、共に生きるための道徳を創出するためには、徳目を一方的に教えるだけでは不十分である。なぜなら、グローバル化する世界において共に生きる際には、多様な人々や生物の置かれた状況や利害関係などを知り、それらと自らの意見を突き合わせながら道徳の内実および妥当性を決めていかねばならないからである。

　より適合的なのは、児童生徒が自らの意見や選好を見直し、必要であればそれらを修正するように促すアプローチである。このアプローチにおい

てまず、求められるのは、自らの意見やそれを支える選好の明確化である。経済的な不平等や地球温暖化、西洋文化の世界的な拡大などのトピックを題材に、ロールプレイやインタビュー、話し合いなどを通して、児童生徒は自らの意見やそれを支える理由および選好を明確にする。その上で、話し合いや文章作成を通して、必要があればそれらを変容させることで、グローバル化が引き起こす問題に対して我々は何をなすべきか、またそれはなぜかについての深い理解を獲得し、共に生きるための道徳を創出する。

　もちろん、こうしたアプローチが常に成功するとは限らない。意見の対立が解消されなかったり、選好の変容が起こらなかったりする場合もある。しかし、互いの理由づけや選好の確認に終わったとしても、学習者が自らの道徳観を客観化する機会を得たのであれば、道徳教育の意義はあると言える。

4　語る・聴くという行為

　理由や選好の見直しと修正を促すアプローチを採用するに当たって教師がとりわけ注意すべきは、語る・聴くという行為の幅を広げることである。このアプローチでは、児童生徒どうしあるいは教師と児童生徒での話し合いを頻繁に用いることになると考えられる。一般的に話し合いという言葉は、自分の意見およびその理由を他人が理解できるように論理的に説明するという、理性的な語りによる展開を想像させる。話し合いの場ではその語りが選好の変容を促すための主な手段となり、聴く側もそれに価値を置くことが暗黙の前提となりがちである。

　しかし、理性的な語り方が支配的になり、聴き手もそれのみに重きを置く場合、問題が生じる。というのも、理性的な語り方をできない人が話し合いに参加できなかったり、話し合いの参加者がその語り方に基づかない意見を軽視したりしうるからである。

　こうした事態を防ぐための示唆となる論を提供しているのが、ヤング（Young, Iris, Marion　1949-2006）である。ヤングによれば、話し合いで有効になるのは理性的な語り方だけではない。その一例として、ヤングはナラ

ティブを挙げる。ナラティブとは、生などについての物語化された語りを指す。「ナラティブを通して、内部者がなぜ自分たちが価値を置いているものを重視するか、なぜその優先順位を有しているのかについて、外部者は理解できるようになるかもしれない」(*Inclusion and Democracy*, p.75〈私訳〉)とヤングは主張する。すなわちナラティブは、理性的な語り方では伝えきれないかもしれない人々の考えや選好をあぶり出し、他の人々に伝える力を持っているのである。

　ヤングの論を踏まえると、教師は話し合いにおいて多様な語り方および聴き方を容認し、自らもそれらを実践する必要がある。グローバル化を題材にした道徳教育実践では、異なる文化的・社会的背景を持つ人々の声を聴く、人間以外の生物の置かれた状況を想像するなどの活動がしばしばある。理性的ではない声を最初から排除したり、無価値だと切り捨てたりすれば、グローバル化する世界の中で共に生きるための道徳が、力を持つ特定の人々の考え方や選好に基づくものになる危険がある。この危険を回避するためにも、語る・聴くという行為の幅の拡張は不可欠なのである。

第3節　愛国心

1　学校教育における愛国心

　前節では、共に生きるための道徳の創出を目指す道徳教育における注意点を明示した。本節では、日本の道徳教育において重要な位置を占めており、かつグローバル化の中での道徳教育にも関係する、あるものを取り上げたい。それは、愛国心である。『中学校学習指導要領解説 道徳編』では、先に取り上げた他国の尊重に加え、「伝統と文化を尊重し、それらをはぐくんできた我が国と郷土を愛し、個性豊かな文化の創造を図る人間を育成する」(p.27)という文言が存在している。すなわち、道徳教育を通して愛国心を培うことが目標となっているのである。

第二次世界大戦前の修身の時代からから現在まで、愛国心の育成は、道徳教育の一つの目標として顕在的あるいは潜在的に存在してきた。道徳の時間の特設（1958年）以降に話を絞ると、1966（昭和41）年に出された中央教育審議会の答申「後期中等教育の拡充と整備について」の別記「期待される人間像」では、「正しい愛国心をもつこと」が身につけるべき徳性の一つとなっていた。この方針は、1985（昭和60）年の臨時教育審議会第一次答申や、2006（平成18）年の教育基本法改正にも受け継がれた。2013（平成25）年現在では、政府による有識者会議である教育再生実行会議が道徳の教科化を提言し、愛国心を積極的に教えようと企図している。

2　愛国心の問題点〜グローバル化との関連から〜

　学校における道徳教育が育成を目指す愛国心は、国家の掲げる政策や思想に反抗せずに付き従うべきだという考えに基づいて構成されてきた。この考えを土台とすると、国家が特定の道徳を人々に押しつけることで、愛国心を育成しようとする動きが強まる。そして、この動きが強まれば、自国を優先するだけではなく、自国の文化のみを重視し、他国の文化に価値を置かない自国中心主義者を育成してしまう可能性がある（『《愛国心》のゆくえ』）。

　共に生きるための道徳の創出には、意見を交わす中で、自らの道徳観をいったん解体して再構築するという作業が求められるときがある。だが、自国中心主義的な愛国心の下で国民意識が形成され、それに基づく考え方・行動の仕方に肯定的な価値を付与する選好が生み出されてしまうと、仮に多様な意見の存在は認めたとしても、人々はそれによって自らの考えを変えようとはしないだろう。これは、実質的には意見の無視である。また、場合によっては気に食わない意見の排除にもつながる。

　自国を愛せない者は世界全体を愛せないという主張にも、妥当性はある。しかし、これまで国が提唱してきた形での愛国心の育成は、結果的に人々の間に対立を引き起こしかねない。

3　愛国心の再定義

　第1節でも述べたように、グローバル化が進んでも国家は残り続ける。そのため、共に生きるための道徳を創出しようとする際に、検討対象となる選好をつくる要素から、国民意識を除外することは難しい。加えて、ある社会を維持するためには、それを構成する集団に一定の愛着を持つのは大切だという主張にも説得力がある。

　では、グローバル化を題材とする道徳教育において、愛国心をどのように扱えばよいのだろうか。鍵となるのは、愛国心の再定義である。齋藤純一（1958-）は、同じ政治的空間に共に属しているという感情として愛国心を定義する（「愛国心『再定義』の可能性を探る」）。齊藤によれば、国民だけではなく、同じ空間を共有するあらゆる人がこの感情を抱くことができる。つまり、同じ空間で生き、共通の問題に取り組もうとするあらゆる人が、「この場所を共によくしていこう」と思う際に抱くポジティブな感情が、再定義された愛国心なのである。

　この定義に基づく愛国心は、国民や国家という枠を認めつつも、価値観を固定化して人々を従わせるような性質を持たない。また、齋藤によれば、「この場所」についての思考は、そこに影響を与える国際的な動向への注視を促す。そのため、愛国心は世界と自国との関係を不可避的に含むのである。

4　道徳教育におけるグローバル化と愛国心の接続

　グローバル化という題材の中で、愛国心を直接扱う実践も可能だろう。とはいえ、第1節で挙げた五つの次元の存在を踏まえると、グローバル化を題材とした道徳教育では、直接的ではなく間接的に愛国心を扱う方が多くなると考えられる。

　例として、グローバル化がもたらす経済的不平等などへの道徳的義務を考察する授業を取り上げよう。この種の授業では、「自分たちの経済的な利益を削ってでも、貧困に苦しむ人々を助けるべきか否か。助けるとした

らどの程度までそうすべきか。それはなぜか。また、助けないとしたら、なぜそう考えるか」などの問いが出発点となる。その問いに対して提示する意見の理由に加え、自分たちの選好がどのようにつくられてきたのかを児童生徒が検討する中で、「この世界の中で生きる私たちとはいったい誰なのか」という疑問が浮かんでくる。この問いを考え、国民意識の内実を見直すことにより、愛国心は自国中心主義的なものから再定義されたような意味へと変わりうる。そして、自分の生きる場への愛をグローバル化とつなげることで、道徳を創出するための燃料として、人々は愛国心を用いるようになるのである。

　グローバル化が国家や国民を廃棄するのではない以上、道徳教育は愛国心に支えられた国民意識を、排他的ではない方向へと導き、それを共に生きるための道徳の創出とつなげるのが望ましい。愛国心を開放するという作業は、グローバル化を題材とする道徳教育が隠し持つ、大きな仕事の一つなのである。この作業はまた、現在提唱されているものとは違った形を提示するという点で、愛国心の育成に対して一石投じているとも言えよう。

おわりに

　本章では、グローバル化に伴う課題として共に生きるための道徳の創出を挙げ、それに対応するための道徳教育について論じた。また、愛国心についても併せて考察した。多様な領域におけるグローバル化がもたらす変化は、異なる状況に置かれた人々や環境に多様な影響を及ぼしうる。その中で共に生きるための道徳を創出しようとするのであれば、教師は多様な声を生かすよう配慮しながら、道徳教育を実践する必要があるだろう。

【文献一覧】
　　大坪滋「グローバリゼーションと開発の主要課題」大坪滋編『グローバリゼーションと開発』勁草書房、2009年、pp. 3-49

国連開発計画編『国家の真の豊かさ：人間開発への道筋』（人間開発報告書）
　　　阪急コミュニケーションズ、2011年

齋藤純一「愛国心『再定義』の可能性を探る」『論座』2003年9月号、pp.20-25

スティーガー, M, B. （櫻井公人・櫻井純理・髙嶋正晴訳）『グローバリゼー
　　　ション〔改訂新版〕』（〈1冊でわかる〉シリーズ）岩波書店、2010年

広田照幸『《愛国心》のゆくえ：教育基本法改正という問題』世織書房、2005年

ヘルド, D.、マッグルー, A.（中谷義和・柳原克行訳）『グローバル化と反
　　　グローバル化』日本経済評論社、2003年

ポッゲ, T.（立岩真也監訳）『なぜ遠くの貧しい人への義務があるのか：世界
　　　的貧困と人権』生活書院、2010年

松下良平『知ることの力：心情主義の道徳教育を超えて』（教育思想双書2）
　　　勁草書房、2002年

文部科学省『中学校学習指導要領解説 道徳編』日本文教出版、2008年

Young , I , M. *Inclusion and Democracy.* Oxford: Oxford University Press,
　　　2000.

第**8**章

「道徳の時間」で何ができるか
～小学校編～

林　泰成

はじめに

　本章では、小学校で行われている道徳科授業の指導方法を取り上げる。まず、小学校学習指導要領で規定されている道徳科授業の目標や内容を吟味し、それに合わせて実践されている伝統的な自我関与型の授業方法を紹介し、その特徴を明らかにする。その上で、新しい道徳教育の試みを取り上げることとしよう。

第1節　小学校学習指導要領の規定

1　小学校学習指導要領

　学校は何を目的として教育を行うのか、どのような組織で教育を行うのかということについては、教育基本法や学校教育法をはじめとしてさまざまな法令で定められている。より具体的な内容については、学習指導要領で定められている。

　学習指導要領は、文部科学省が学校種ごとに編成し、公示している教育課程の基準である。これは法令ではないが、学校教育法施行規則には「教育課程の基準として文部科学大臣が…公示する」との規定があり、行政解釈では、法的拘束力を有するとされている。

　学習指導要領は、約10年ごとに改訂されている。現在使用されている小学校学習指導要領は、2017（平成29）年3月に告示されたものであり、道徳に関しては、2018（平成30）年度より、この版に準拠して完全実施されている。今回の改訂で大きく変わったのは、道徳の時間が「特別の教科　道徳」となったことである（正確には、2015（平成27）年3月に行われた平成20年度版学習指導要領の一部改訂の際に、道徳は「特別の教科　道徳」となったが、小学校で実際に教科書を使用して「特別の教科　道徳」が実施されたのは2018（平成30）年度からである）。

小学校の「特別の教科　道徳」（以降、本章では道徳科と略記する）に何ができるかを考えるために、まず、学習指導要領に記された道徳科の目標と内容を確認しよう。

2　道徳科の目標

道徳科授業の目標は学習指導要領で次のように定められている。

> 第1章総則の第1の2の(2)に示す道徳教育の目標に基づき、よりよく生きるための基盤となる道徳性を養うため、道徳的諸価値についての理解を基に、自己を見つめ、物事を多面的・多角的に考え、自己の生き方についての考えを深める学習を通して、道徳的な判断力、心情、実践意欲と態度を育てる。

学習指導要領の第1章は「総則」と題され、全般的なことが書かれているが、そこにも道徳教育全般の目標が記されている。それに基づいて、「道徳性を養う」ことが道徳科授業の目標であるとされている。そして、そのために、「道徳的諸価値についての理解をもとに」して、「自己を見つめ」、さらに、前もって設定された正解ではなく「多面的・多角的に考え」、「自己の生き方についての考えを深める」こと、つまり、教材を理解するだけでなく、子どもが自分の生き方と関連させて道徳の問題をとらえ、道徳的な判断力、心情、実践意欲と態度を育てることとされているのである。

学習指導要領には、文部科学省が公刊した解説書がある。小学校の道徳科については、『小学校学習指導要領解説　特別の教科　道徳編』が出版されている。それによれば、「道徳的判断力、道徳的心情、道徳的実践意欲と態度」は、「道徳性を構成する諸様相である」とされている。また、「態度」は外面的な行動を指しているわけではなく、「具体的な道徳的行為への身構え」と記されている。

日本の道徳教育において特徴的なのは、道徳的価値を教えるという点である。これは、以前から変わっていない。道徳的価値とは、以前は、

「徳」とか「徳目」とよばれていたものであり、現在では、学習指導要領にならって「道徳的価値」とよばれることが多い。学習指導要領に記載されているものを例としてあげれば、たとえば、［善悪の判断、自律、自由と責任］とか、［親切、思いやり］とか、［規則の尊重］とか、［生命の尊さ］とか、である。ところが、今回の改訂で、「道徳的諸価値」と複数形で表現されるようになった。これは、従来の道徳の時間では、1時間に1つの価値を教えるというやり方が定着していたが、複数の価値が対立するような事態も生じるということを教えることも大切だという考えによるものである。

　この道徳的諸価値は、学習指導要領の項目立てでは「内容」として示されている。

3　道徳科の内容

　内容について記された箇所では、4つの視点で分類されて記載されているが、その前に、次のような一文がある。

　　「学校の教育活動全体を通じて行う道徳教育の要である道徳科においては、
　　以下に示す項目について扱う。」

　道徳科授業では、ここに記された内容（道徳的価値）を教えなければならないのである。しかも、『学習指導要領解説　特別の教科　道徳編』では、「それらは、教育活動全体を通じて行われる道徳教育の要としての道徳科はもとより、全教育活動において、指導されなければならない」と記されているので、道徳科授業だけでなく、学校の教育活動全体を通じて行われる道徳教育においても、これらを抜きにして道徳教育は成立しないことになる。

　分類の4つの視点は、次のとおりである。

　A　主として自分自身に関すること

　B　主として人との関わりに関すること

　C　主として集団や社会との関わりに関すること

D　主として生命や自然、崇高なものとの関わりに関すること

　それぞれの視点の中に、複数の項目が掲載されている。たとえば、Aの視点の最初の項目は、［善悪の判断、自律、自由と責任］であり、そのもとに、第1学年及び第2学年（低学年）、第3学年及び第4学年（中学年）、第5学年及び第6学年（低学年）で教えるべき内容が文章で記されている。この例では、3つの道徳的価値がひとまとめにされているが、たとえば、同じくAの視点に分類されている［個性の伸長］のように、1つの道徳的価値しか示されていない項目もある。

　Cの視点に、［国際理解、国際親善］があり、その高学年には、「他国の人々や文化について理解し、日本人としての自覚をもって国際親善に努めること」という文章がある。現在、日本の公立学校にも、大勢の外国籍の子どもたちがいることを考えると、「日本人としての自覚」を押し付けるような道徳教育を行うことは気になるところではある。日本の学校だから、そうした措置は当然だとの主張もあるかもしれない。しかし、それでは、「他国の人々の文化について理解し」たり、「国際親善に努め」たりすることにはならないのではないか。せめて「自分の生まれ育った国に対して愛着をもって」というような表現上の工夫はできないものだろうか。

4　その他の留意点

　現行の学習指導要領では、各教科や他の領域においても、道徳教育に留意することが記されている。たとえば、算数科の中にも「指導計画の作成と内容の取扱い」に、次のような文言がある。

　　　第1章総則の第1の2の(2)に示す道徳教育の目標に基づき、道徳科などとの関連を考慮しながら、第3章特別の教科道徳の第2に示す内容について、算数科の特質に応じて適切な指導をすること。

　他の教科でも「算数科」とあるところが替わるだけで同じことが書かれている。これは教科によっては難しいことであろう。もちろん、算数を教

えていても、教師の人格的な影響はあるだろうから、道徳教育的なことが行えないわけではない。しかし、上の引用文にあるように、求められているのは、教師の人格的な影響などではなく、「第3章特別の教科道徳の第2に示す内容について」教えることなのである。それを算数科の特質に応じて教えるということは、いったい何をどうすることになるのだろうか。

また、現行の学習指導要領では、次のように、従来、推奨されてはいなかったような指導方法の導入が謳われている。「児童の発達の段階や特性等を考慮し、指導のねらいに即して、問題解決的な学習、道徳的行為に関する体験的な学習等を適切に取り入れるなど、指導方法を工夫すること」。

文科省に設けられた道徳教育に係る評価等の在り方に関する専門家会議から、平成28年7月に出された報告書では、上記の2つの学習法に加えて「読み物教材の登場人物への自我関与が中心の学習」が、質の高い多様な指導方法としてあげられている。

道徳教育は、自我関与しなければ、道徳の学びにはならないと思われるが、ここであえて、自我関与が協調されているのは、従来の読み物教材を用いた授業の中に、登場人物の心情理解に終始するようなものがあったからであろう。この報告書では、「登場人物の心情理解のみの指導」は、あえて望ましくないやり方とされている。

第2節　「特別の教科 道徳」における自我関与型の授業方法

1　学習指導案の例

これまで、多くの学校で行われてきた伝統的な授業スタイルがある。

それは、道徳的価値を教えるということを目的としながら、心情面に焦点化し、導入−展開−終末という流れで展開するスタイルである。

一例として、「ないた赤おに」を資料として用いた学習指導略案を以下に掲げる。これは、ネットなどで公開されている複数の学習指導案を参考

図●道徳学習指導案

道徳学習指導略案

1　対象　小学校第3学年
2　主題名　友情　（内容項目　C［友情、信頼］）
3　資料名　「ないた赤おに」（浜田廣介原作）
4　展開

	発問・授業内容	児童の反応	留意点
導入	T「友達がいて良かったなと思ったことはありますか」	C1「忘れ物を貸してくれた」 C2「保健室に連れて行ってくれた」	・うれしかった体験を想起させる。
展開	・教師が範読する。 ・登場人物を確認する。 T「赤おには立て札を引き抜いたときどんな気持ちでしたか」 T「赤おには、青おにをたたいているときどんな気持ちでしたか」 T「人間と友達になった赤おにはどんな気持ちだったでしょうか」 T「貼り紙を読んだとき、赤おにはどんな気持ちだったでしょうか」	・おにの気持ちを考えながら、聞く。 C3「どうせ僕なんか誰も友達になってくれないんだ」 C4「青おに君、痛いだろうな」 C5「これは演技だよ」 C6「幸せだな」 C7「ずっと友達だよ」 C8「青おに君、ごめんなさい」 C9「青おに君、ありがとう」	・話が理解しやすいように、挿絵を用意する。 ・人間と友達になれない赤おにの気持ちを考えさせる。 ・自己犠牲的な青おにの行動についても考えさせる。 ・人間と友達になった赤おにの気持ちを考えさせる。 ・友だちを失った赤おにの気持ちを考えさせる。 ・青おにの深い友情についても考えさせたい。
終末	・教師が友情についての自己の体験を語る。	・教師の説話を聞く。	・自分も良い友達を持ちたいという思いを持たせて終わりたい。

（筆者作成）

に、筆者が再構成した略案である（**図**参照）。

　「導入」では、資料のテーマと関連する話題が取り上げられる。落語にたとえれば、いわば「つかみ」の部分である。日常の生活の中での体験を尋ねるなどの問いかけを行うことが多い。時間は、5分程度である。

　「展開」では、資料を取り上げて、まずその内容を確認し、資料の展開

に沿って内容を確認していく。その際に、心情面に焦点化することが多い。登場人物の気持ちを問うのである。

「終末」は、まとめの段階であるが、道徳の指導案では、「終末」と表記することが一般的である。ここでは、教師の説話が行われることが多いが、感想文を書かせたり、登場人物への手紙を書かせたりと、書く活動を行わせることもある。

2　展開前段と展開後段

この指導案においては、展開部分で資料から離れることはないが、これまで広く行われてきた授業に、もう一つ別なスタイルがある。それは、展開部分を展開前段と展開後段に分けるというスタイルである。

展開前段では、上記の指導案の展開部分のように、資料内容を検討し、話し合いを行う。その後、展開後段で資料から離れて、自分たちの生活を振り返るのである。その振り返りは、価値の一般化とか、価値の主体的自覚といわれる。資料を通して学んだ価値を、自分自身の生活に当てはめて一般化を図るということである。

今後は、この展開後段を取り入れた授業展開が多くなると考えられる。というのも、第1節で述べたように、自我関与させる形の指導法が求められているからである。あるいは、展開後段を入れない場合でも、登場人物へと自我関与させる工夫が求められることになる。

3　伝統的授業方法の特徴

伝統的な授業方法は、学習指導要領に記されている内容、すなわち、道徳的価値を教えるという意味で、価値主義的であると言える。学習指導要領では、道徳的価値という言葉が使われているが、これはいわゆる徳目のことである。親切とか、友情とか、誠実とか、思いやりとかを、順に教えていくことになる。

道徳的価値を知らなければ、それを実践することは、不可能ではないにしても難しいことだと言えるだろう。したがって、道徳的価値を教えるこ

とにも意味はある。しかし、どのような道徳的価値を教えるかということについては、さまざまな意見がある。たとえば、愛国心のような道徳的価値については、賛否両論ある。自尊感情のように、現行の学習指導要領では取り上げられていないが、多くの研究者や実践家によって重用視されている価値もある。何を取り上げて、何を取り上げないのかを、どのような手続きで誰が決めるのか、ということについては、もっと議論されてしかるべきであろう。

　また、従来の伝統的授業方法は、道徳的価値を教える際に、資料の登場人物の心情に焦点化するという意味で、心情主義的であった。道徳的価値は大切だから覚えなさいということではなくて、心情を耕し、道徳的価値を浸透させるようなやり方がとられてきた。しかし今後は、合理的な判断や推論の力を育てることも必要である。なぜなら、2018（平成30）年度からの道徳の教科化は、文科省のスローガンを用いて言えば、「考え、議論する道徳」への転換だからである。そのために、「問題解決的な学習」や「道徳的行為に関する体験的な学習」が推奨されているのである。

　次節では、これらを取り上げよう。

第3節　新しい道徳授業の方法

1　問題解決的な学習としてのモラルジレンマ授業

　問題解決的な学習の一例として、ここでは、モラルジレンマ授業を取り上げよう。これは、アメリカの心理学者コールバーグ（Kohlberg, Lawrence）が提案したものであり、道徳性の発達段階をあげることをねらいとして、道徳的価値葛藤資料（ジレンマ資料）を用いて議論させる授業である。もともとのコールバーグの考えによれば、道徳的価値を知ることは、道徳性の発達とは関係がない。道徳性の発達は、道徳的判断をする際の理由付けの構造を質的に変化させるという点にあると考えられている。

ただし、これまで日本で行われているモラルジレンマ授業では、道徳的価値を教えるという形に修正され実践されている。

この授業では、なぜ道徳性があがるのだろうか。

コールバーグは、授業方法の提案と同時に3水準6段階の道徳性発達段階を提案している（本書第4章を参照）。ある子どもの道徳性が第3段階だとすると、その子の能力では、第3段階でしか判断理由付けができないが、しかし、第4段階の判断理由付けに触れると、「そう考えればいいのだ」という気付きが起こる。そこで、議論をとおして、さまざまな考え方に触れさせるというやり方がとられる。

また、モラルジレンマ授業は、正解を示さずに終わる。これをオープンエンドという。「オープンエンドなので問題解決的な学習になっていない」という批判もあるが、オープンエンドであっても、判断理由付けの訓練を行っているので、問題解決能力の育成になっていると言える。

2　体験的な学習としてのモラルスキルトレーニング

体験的な学習としてのモラルスキルトレーニングを取り上げよう。スキルトレーニングといえば、リバーマン（Liberman, Robert Paul, 1937-）の提案するソーシャルスキルトレーニングと、世界保健機構が提案するライフスキル教育が有名であるが、いずれも道徳の時間に行うと、「これは本来、道徳の時間に行うべきものではない」と批判されてきた。なぜならば、いずれも道徳的価値を教えることとは無縁だからである。

そこで、具体的な道徳的行動をスキルとして教えながら、道徳的価値を内面化させるやり方としてモラルスキルトレーニングが提案されてきた（『モラルスキルトレーニングスタートブック』）。

モラルスキルトレーニングの基本的な考え方は、道徳資料と結びつけて、子どもたちに道徳的価値の自覚を促しながら、同時に行動面での指導を行うということである。モラルスキルトレーニングの授業の典型的なプロセスは、次のとおりである。

①資料の提示、②ペアインタビュー、③ロールプレイング１、④シェア

リング、⑤メンタルリハーサル、⑥ロールプレイング2、⑦シェアリング、⑧課題の提示。

①は、道徳的な価値を含んだ資料を提示する段階である。道徳的価値の自覚を促すには、やはり資料を使うのが適切だと考えられる。

②は、2人1組で資料の登場人物になりきり、インタビューし合う段階である。モラルスキルトレーニングで用いるロールプレイングは、心理的抵抗を引き起こしやすい。つまり、「嫌だ」とか、「恥ずかしい」とかというような気持ちが起こりやすい。それをなくすためには、通常ではウォーミングアップに時間をかける。しかし、道徳の時間に、それを丁寧に行うと時間が足りなくなる。そこで、資料理解にも役立ち、ウォーミングアップにもなるようにと、ペアインタビューを導入している。

③は実際に演じる段階である。私たちはこの段階を「リハーサル」や「アクション」とは言わずに、「ロールプレイング」と呼んでいる。それは、「挨拶は、45度に腰を折って」というような「型はめ」をしたいのではなく、もう少し自由度を持たせて、場に応じた適切なやり方を子どもたち自身に考えてもらいたいからである。ロールプレイングはサイコドラマから派生したものである。そのサイコドラマはシナリオのない演技であるから、そうした自由度の高い演技を表す言葉として、ロールプレイングは適切だと考えられる。とはいえ、ある型にはめるか、自由な演技を優先するかは、子どもたちの状態に依存する。

④は、プレイの後の意見交換である。やってみたときの気持ちの変化を尋ねるような発問をすると、子どもたちも答えやすい。

⑤の段階では、最初に提示した資料から離れ、類似した場面を子どもたちにイメージさせる。これは、スポーツの世界でも用いられているイメージトレーニングを模したものである。類似した場面を提示するのは、学んだ場面と全く同じでなくても行動できるように促すためである。

⑥は、⑤の段階でイメージしたものを再度演じてみる段階である。

そして⑦でもう一度、意見交換する。

最後の⑧で、「今日学んだことを実際に毎日やってみようね。毎朝、先

生に報告してね」というような指示を出して、子どもたちが、学んだスキルを日常場面で使うよう促す。

　しかし、このプロセスを全て実施しようとすると時間が足りなくなることがある。そこで、スキルトレーニングとしての側面と道徳教育としての側面の両面を残しつつ、簡略化して行われることも多い。

3　評価

　最後に、評価の問題に言及しよう。学習指導要領では、「数値などによる評価は行わないものとする」と記されている。確かに、道徳性は1時間の授業で簡単に変化するようなものとは思えない。数値で評価したところで、そんなに大きな意味はないようにも思える。しかし、子どもの道徳性の実態を見取ることは必要である。それが分からなければ、どのような授業がこの子どもにとって望ましいのかが分からず、準備できないからである。

　文科省に設置された、道徳教育に係る評価等の在り方に関する専門家会議から2016（平成28）年に出された報告書では、道徳科においても評価が求められている。しかし、それは、数値ではなく、「記述式」であり、「励ます個人内評価」、つまり、人との比較による評価ではなく、その子自身の成長を見取るものであり、その評価文を読んだ子どもがやる気を起こすような励ます評価であり、1時間ごとの評価ではなく「大くくりなまとまりを踏まえた評価」である。

　また、他教科では、観点別評価が行われているが、道徳科では観点別評価は行わないことになっている。とはいえ、2つの視点が示されている。それは、「一面的な見方から多面的・多角的な見方へと発展しているか」、「道徳的価値の理解を自分自身との関わりの中で深めているか」という視点である。

　現在では、小学校においては、上記の指示を基にして、1学期ごとあるいは学校によっては年度末に、通知表に評価を記載しているところが多い。

おわりに

　道徳の時間が、「特別の教科　道徳」になったということは、戦後の教育制度の改革の中でもとても大きな出来事であったと言える。指導方法が多様になったということは、それだけ現場教師が工夫する余地が増えたということではあるが、しかし、検定教科書が使われるようになったという点は、教師の教材を工夫する余地が狭められたということになる。道徳教育の在り方は、今後も議論が続いていくことであろう。

【文献一覧】

　青木孝頼『価値の一般化の発問』(道徳授業技術双書5) 明治図書出版、1983年

　荒木紀幸編著『道徳教育はこうすればおもしろい：コールバーグ理論とその実践』北大路書房、1988年

　道徳教育に係る評価等の在り方に関する専門家会議『「特別の教科 道徳」の指導方法・評価等について (報告)』文部科学省、2016年

　林泰成編著『モラルスキルトレーニングプログラム：小学校道徳授業で仲間づくり・クラスづくり』明治図書出版、2008年

　林泰成『モラルスキルトレーニングスタートブック：子どもの行動が変わる「道徳授業」をさぁ！はじめよう』明治図書出版、2013年

　諸富祥彦『道徳授業の革新：「価値の明確化」で生きる力を育てる』(新しい道徳授業づくりへの提唱11) 明治図書出版、1997年

　文部科学省『小学校学習指導要領解説 道徳編』東洋館出版、2008年

「道徳の時間」で何ができるか
〜中学校編〜

柳沼良太

はじめに

　中学生の時期には、人生のさまざまな悩みや葛藤を抱きながら、人間としていかに生きるべきかを真剣に考え始めるようになる。義務教育の最終段階であるこの時期に、自ら道徳的問題を考え、主体的に判断し、自己を確立する必要がある。また、いじめ問題等が社会的に注目され、規範意識や人間関係力の低下が指摘される中で、生命を尊重し、公徳心や社会連帯を自覚し、豊かな人間性を涵養することも求められている。さらに、グローバル化や情報化によって社会が変動する中、日本人としてのアイデンティティを備えて国際的な素養を習得するとともに、適切な情報リテラシーや情報モラルを身につけることも期待されている。

　こうしたさまざまな今日的課題に向き合うために、思春期にある生徒の発達段階や特性を十分に理解したうえで、実効性のある道徳的実践力を育成する必要がある。そのために、中学校の「道徳の時間」で何ができるか。本章では、第1節で「道徳の時間」の伝統的なやり方を紹介し論評する。第2節では、授業を充実させるためのさまざまな創意工夫を概説する。第3節では、チャレンジングな試みとしてモラル・ジレンマと問題解決型の道徳授業を紹介し、検討することにしたい。

第1節　伝統的なやり方

　中学校における「道徳の時間」では何をする時間か。学習指導要領によれば、「道徳の時間」とは「各教科、総合的な学習の時間及び特別活動における道徳教育と密接な関連を図りながら、計画的、発展的な指導によってこれを補充、深化、統合し、道徳的価値及びそれに基づいた人間としての生き方についての自覚を深め、道徳的実践力を育成するもの」である。中学生は単に自分の生き方だけ考えるのではなく、広く「人間としての生き方」を根本的に考え、道徳的心情、道徳的判断力、道徳的実践意欲や態

度を含めた総合的な道徳的実践力を涵養すべきなのである。

　次に、中学校の「道徳の時間」における伝統的なやり方を紹介しよう。『中学校 読み物資料とその利用』（1991年）に掲載された「裏庭でのできごと」を使って具体的な学習指導案を見てみたい。

1　資料「裏庭でのできごと」を用いた学習指導案

（1）資料の概要

　ある日の昼休みに健二は、大輔に誘われて、雄一と一緒に裏庭でサッカーをやることになった。裏庭に行くと、猫が木の上のヒナをねらっていた。雄一が猫にボールを投げつけると、ボールが木から跳ね返って倉庫の窓ガラスを割ってしまった。雄一はすぐ先生に報告しに行った。

　その場に残った健二と大輔は、ボールを蹴りながら待つことにした。健二が夢中になって強く蹴ったところ、今度は雄一が割ったガラスの隣のガラスを割ってしまった。

　「どうしよう…」と健二が思っているところに、雄一が先生を連れてきた。大輔は健二が割った2枚目のガラスも、雄一が割ったことにして、「ヒナを助けようとしてやったことだから、許してやってください」と弁護した。

　先生が職員室に戻った後、雄一は「おまえら調子よすぎるぜ」と怒った。それに対して大輔は「友達じゃないか」と気にかけなかった。しかし、健二は午後の授業や部活にも集中できなくなった。

　帰りに健二が本当のことを先生に言いに行こうすると、大輔が「あの場ですんだことだから、もういいよ」「俺を出し抜いて行くなよ」と口止めした。健二は家に帰ってからもずっと悩み続けた。

　翌朝、健二は雄一に「ぼく、やっぱり先生のところにいってくるよ」と言った。雄一は少しほほえむが、「それじゃ大輔は…」と言いかけた。健二は首を横に振ると、一人で職員室に向かった。

（2）資料のポイント

　主人公の健二は裏庭でサッカーすることを大輔から誘われるが、それを

悪いことと知りつつ断れないでいる。ここで健二と大輔の性格や人間関係が推察される。次に、健二の蹴ったボールが、雄一の割ったガラスの隣のガラスを割ってしまうが、大輔の口車に乗ってしまい、すなおに先生に本当のことを言えなくなる。こうした問題で健二が思い悩みながらも、最後には本当のことを打ち明ける決心をし、翌朝、職員室へ向かう。

　こうした健二の心の変化を共感的に理解し、善悪の判断を主体的に行い、勇気を出して誠実な行動に出られるようになる点を支持する。

(3) ねらい

　この資料では、健二が思い悩みながらも、自分の行動に責任をもち、誠実に実行しようとする姿が描かれている。そのため、学習指導要領の内容項目でいうと、1−(3)「自律の精神を重んじ、自主的に考え、誠実に実行してその結果に責任をもつ」に対応する。そこで、授業のねらいは、「自律」に重点を置いて、「自ら考え、自主的に判断し、自律的に行動しようとする態度を育てる」と設定する。また、「誠実」に重点を置いて、ねらいを「自分の行動が及ぼす結果を深く考え、責任をもって誠実に行動しようとする心情を育成する」と設定することもできる。

　この物語に現れる主な道徳的価値としては、「自律」「誠実」「責任」「友情」など複数を挙げることができる。伝統的なやり方では、ねらいがぶれないように中心価値（たとえば「誠実」）を一つに絞るようにする。

2　学習指導過程

　次に一般的な学習指導過程を概観してみよう。

(1) 導入

　これまでの自分の生き方や友人とのつき合い方を振り返り、誠実に行動してきたかについて考える。具体的には、「正しいと分かっていながら、そう言えなかったり、間違っていると知りながら、ついやってしまったりしたことがないか」を話し合う。

　別のやり方として、「誠実」という言葉のイメージを自由に語り合ってもよい。生徒からは、「まじめな感じ」「よい人柄」「分からない」などの

意見が出てくる。ここでは模範解答を見いだす必要はなく、「誠実とは何か」という問題意識を持たせればよい。

（2）展開例

教師が資料を範読した後、悩んでいる健二の心情に注目して、自主的な判断と責任ある行動について考えさせる。そのために、場面ごとに健二の心情を尋ねる。たとえば、基本発問として、「大輔が先生に言い訳をしたとき、健二はどんな気持ちだったか」「放課後から翌朝まで健二はどのような気持ちであったか」を聞いて、健二の心の揺れ動きを理解する。中心発問では「翌朝、職員室に一人で向かった健二の気持ちはどうであったか」を尋ねて、健二が誠実な気持ちで主体的に責任をとろうとした姿を理解させる。

（3）終末

終末では、担任教師の説話として、責任ある行動の大切さや誠実な生き方に深く触れるような話をする。たとえば、担任教師の経験談として、中学時代に部活で友達と遊んでいて、高価な体育器具を壊してしまった過去を語る。迷って友達と相談した末に、二人で正直に名乗り出て、許してもらったというエピソードを紹介する。

また、生徒一人ひとりの日常生活を振り返らせるやり方も一般的である。たとえば、「これまで健二と同じような場面に遭遇したとき、あなたはどのように行動してきたか」について道徳ノートに書かせ、内省を促す。こうした生徒の感想を授業の最後に発表したり、「学級だより」に掲載したりすることもある。

3　評価

「道徳の時間」も、教師が計画し実践した授業内容を適切に評価することが大切である。中学校の学習指導要領では、評価について次のように記されている。「生徒の道徳性については、常にその実態を把握して指導に生かすよう努める必要がある。ただし、道徳の時間に関して数値などによる評価は行わないものとする」。それゆえ、教師が授業実践を自ら振り返

り、目標に準拠して評価して、その改善に役立てることはよいが、不用意に生徒の道徳性を数値等で評定してはいけないことになる。

　ただし、数値以外で評価することはできる。代表的な評価の仕方として、授業中の生徒の発言や道徳ノートに書かれた生徒の言葉などから、道徳性の変容をとらえて評価する方法がある。たとえば、「生徒が物事をよく考えて正しく判断していこうとする意欲を高めることができたか」「自己の行動の結果について深く考え、正しく判断し、責任を持って誠実に行動していこうとする態度を養うことができたか」を評価する。こうした生徒の発言やノートに書かれた言葉について、教師はできるだけ生徒の良さを認め、励まし、勇気づけるようなコメントを付けて返すようにする。

4　課題

　伝統的なやり方は、比較的分かりやすい学習指導過程であるため、どの教師でも容易に取り組めるというメリットがある。国語科の授業で物語文を読むように、登場人物（たとえば、健二）の気持ちを共感的に理解していけば、ねらいとする道徳的価値（たとえば、誠実）の自覚に結びつき、「人間としての生き方」について理解を深めることができる。

　しかし、伝統的なやり方では登場人物の心情を共感的に理解することはできても、生徒一人ひとりの考えや本心とかけ離れてしまい、現実生活の道徳的実践には結びつかないという難点があった。そもそも中学生にもなれば、資料を多角的、論理的、批判的、創造的に読めるため、単純に主人公の道徳的行動を見習わせようとしたり、道徳的価値を教え込もうとしたりしても無理が生じる。そのため、伝統的な道徳授業のやり方は、「画一化している」「実効性がない」と批判を受けることにもなった。

第2節　さまざまな創意工夫

　次に、中学校の「道徳の時間」を改善するための創意工夫をいくつか紹

介しよう。内容項目の変更、生徒の心を揺さぶる展開、道徳的価値の自覚を深める発問の工夫、役割演技の導入、格言や詩の引用などさまざまな提案がなされてきた。

1　内容項目の変更

前掲した「裏庭でのできごと」は、健二、雄一、大輔の友人関係や友情が書かれた資料として読むこともできる。その場合は、学習指導要領の内容項目でいうと、2-(3)「友情の尊さを理解して心から信頼できる友達をもち、互いに励まし合い、高め合う」に関連づけられる。また、公共的な器物を破損した場合の責任の取り方は、公徳心の問題として考えることもできる。そのため、4-(2)「公徳心及び社会連帯の自覚を高め、よりよい社会の実現に努める」と関連づけることもできる。さらに、この物語に含まれる複数の道徳的価値（たとえば、自律、責任、誠実、友情、公徳心など）を同時並行的に追求するやり方もある。

2　展開の工夫

ガラスを割った後、登場人物たち（健二、雄一、大輔）の対応はそれぞれ異なっている。そこで3人の考え方や価値観を比較しながら、人間としてあるべき姿を追求し、それに伴う責任の取り方について検討してもよい。その際、健二の気持ちだけでなく、雄一や大輔の気持ちを比較し、誠実で責任のある対応の仕方とはどのようなものかを考える。

たとえば、基本発問として、「2枚目の割れたガラスも自分のせいにされたとき、雄一はどのように思っただろう」「大輔が『おれを出し抜いて行くなよ』と言ったのは、どのような考えからか」と尋ねる。中心発問では、「翌朝、先生に言いに行った健二の考えと、最後まで行こうとしなかった大輔の考えでは、どう違うか」と尋ねる。それぞれの考えの違いを比較しながら、人間としてあるべき誠実な態度を追求し、健二が悩みながらも自主的に責任ある行動を取ったことに賛同できるようにする。

3 発問の工夫

初めにガラスを割った雄一について尋ねると、「すぐに謝りに行って
りっぱだ」「隠さずに言えて偉い」という感想が生徒から寄せられる。そ
れに対して、教師が「謝っただけでそんなに偉いのか」「ただ謝っておけ
ばいいと思っただけではないか」と切り返すこともできる。そうすると、
生徒たちは「謝らないよりはいい」「黙っていれば分からないのに、あえ
て謝りに行ったのだからりっぱだ」などと発言する。こうしたやり取りで、
謝罪の意味を深く考えるきっかけとなる。

次に、教師は「謝れば責任をとったことになるのか」と尋ねることもで
きる。それに対して生徒は、「弁償をするわけではないので、すべて責任
を取ったことにはならないが、それでもちゃんと先生に謝って許してもら
えたら、責任をとったことになる」などと発言する。さらに、教師は「先
生が『いいよ』と許してくれたら、それで責任をとったことになるのか」
と問いかける。すると、生徒は「自分が悪いと思って謝れる気持ちが大切
で、この場合は先生であって、誰に対しても同じだと思う」「自分の罪を
認めて、これからはもうやめようという自覚を持つことが大事だと思う」
「誰かが今度、同じようなことをしたら、止めることができて、本当に責
任をとったことになると思う」などと発言する。

このように補助発問を工夫して、生徒の一般的な受け答えについて揺さ
ぶりをかけることで、過去の過ちをただ形だけ謝罪するのでなく、現在の
生き方を振り返って、責任のとり方をより深く具体的に考えられるように
なる。また、将来の自分の生き方をより良く方向づけ、周囲の人たちにも
良い影響を及ぼせるようになる。

4 役割演技の活用

「裏庭でのできごと」のように三者三様の登場人物がいる場合は、役割
演技（ロールプレイ）を取り入れることも有効である。たとえば、範読の
ときに健二、大輔、雄一の配役を決め、地の文は教師が読み、セリフの文

（筆者作成）

は生徒が役割演技で音読する。また、2枚目のガラスを割った後の場面で、生徒が雄一、健二、大輔の役になって演技し、それぞれどのようなことを感じたかを発表し合うこともできる。

　また図のように、ワークシートに3人の吹き出しを付けておき、登場人物になったつもりでセリフを書き込ませてもよい。雄一のセリフとして、「2枚とも俺のせいにするなんてずるいぞ！」と書く。大輔のセリフとして、「全て雄一のせいにしておけばうまく言い逃れられる。黙っていれば、分からないだろう」と書く。健二のセリフとして、「このまま黙っているのはよくない。でも本当のことを言ったら大輔が怒るし…」などと書き込む。

　登場人物（たとえば健二）へ手紙を書く方法もある（ロールレタリング）。たとえば、「初め、君はなかなか本当のことを先生に言い出せずつらかっただろうね。大輔のこともあっていろいろ悩んだと思うけど、最後は勇気を振り絞って打ち明けることができてりっぱだったと思うよ。僕も君の強さや誠実さを見習って、これからしっかり行動していくよ」などと書く。

5　格言や詩の活用

　授業の終末では、格言や詩を提示して、その意味を考えさせる方法もある。たとえば、オルテガ・イ・ガセット（Ortega y Gasset, José　1883-1955）は、「人間にとって『生きる』とは単に『存在する』ことではなく『よく存在する』ことを意味する」と言っているが、「よく存在するためにはど

う生きればよいだろうか」と問いかける。

　また、相田みつを（1924-1991）の詩集『にんげんだもの』にある詩「つまづいたおかげで」を読み上げる。「つまづいたりころんだりしたおかげで、物事を深く考えるようになりました。あやまちや失敗を繰り返したおかげで、少しずつだが、人のやることを暖かい目で見られるようになりました（以下、略）」。こうした詩を読み物資料と関連づけることで、ただ過去の過ちを責めるだけでなく、人間としての生き方を深く内省し、人生の教訓とすべきことを学び取る。

6　課題

　このような授業の創意工夫は、学習指導過程のマンネリ化を打ち破り、生徒の考えに揺さぶりをかけ、物事を主体的、多角的、根本的に考えるきっかけになる。また、役割演技を取り入れて行動的側面から考えたり、格言・詩を用いて発展的内容に関連づけたりすることもできる。

　しかし、この指導法でも、結局のところ、ねらいとする道徳的価値の自覚を深めようとする従来の枠組み（徳目主義）からは抜け出ていない。生徒が問題を自由に考え、話し合い、主体的に判断しているわけではないため、生徒が同じような問題場面に出くわしたとき、適切な対応ができるかは疑問が残る。

第3節　チャレンジングな試み

　最後に、チャレンジングな試みとしてモラル・ジレンマと問題解決型の道徳授業を紹介したい。伝統的なやり方は、既に起こった出来事を振り返り、ねらいとする道徳的価値の自覚を深めようとするのに対して、チャレンジングな試みは、問題状況にどう対応するかに焦点を置き、さまざまな価値観や生き方を主体的に創造するところに特徴がある。

1 モラル・ジレンマの道徳授業

　モラル・ジレンマの道徳授業とは、コールバーグ（Kohlberg, Lawrence 1927-1987）等が道徳性の発達を促進するために開発した授業形態である。道徳的葛藤状況を生徒に提示して、「主人公はどうすればよいか」を議論する。たとえば、有名な「ハインツのジレンマ」では、がんで死にかかっている妻のために高価な薬を盗むべきかについて考える。こうしたモラル・ジレンマの道徳授業では、相対立する行動方針から二者択一するところに特徴がある。正しい行動方針はどちらかということよりも、自分の考えをどのように理由づけするかに注目する。生徒どうしで自由な議論をする中で、より高次の段階にある理由づけを見いだし、道徳性の発達を促すのである。

　「裏庭でのできごと」をモラル・ジレンマの道徳授業で行うとすれば、「健二は先生のところに行くべきか、行くべきではないか」と問いかける。健二が正直に先生のところへ言いに行けば、誠実な行いで、雄一は喜ぶが、大輔は健二の裏切りに怒ることになり、友人関係が決裂するかもしれない。それに対して、健二が事実を隠したままにすれば、不誠実な態度に雄一は憤慨するが、大輔は健二の従順さに満足することになる。ディベート形式にして、より説得力のある意見を討論して決めることもできる。ただし、道徳授業であるため、勝敗にこだわる必要はなく、互いに主張を表明して理解し合って終わるオープンエンド形式にしてもよい。

2 モラル・ジレンマの課題

　モラル・ジレンマの道徳授業では、生徒が主体的に判断し、自分の意見を自由に語り合えるため、多様な道徳的価値観を交流させ、道徳的判断力やコミュニケーション力を高めることができる。しかし、この授業でどのような道徳的価値の自覚を深めたのかは不明になることが多い。

　また、議論の結果、望ましくない結論にたどり着くこともある。たとえば、「大輔に悪いから、健二は最後まで黙っておくべきだ」という意見が

主流を占めた場合、「誠実」や「責任」の自覚を目指した授業のねらいにはたどりつかなくなる。それどころか、生徒の不誠実さや無責任さを助長する結果にもなりかねない。

3　問題解決型の道徳授業

　問題解決型の道徳授業とは、生徒が道徳的問題を自ら考え、解決策を主体的に判断し、議論することを通して道徳的実践力を育成する授業である。「裏庭でのできごと」であれば、登場人物の健二、雄一、大輔の立場になって、「どうすればよいか」をそれぞれ考えることになる。

　ここでの人間関係としては、大輔が健二や雄一よりも強いことが想定される。そのため、健二はなかなか本心を言えないでいる。そこで、健二が思い悩んでいる場面で物語をやめて、「健二はどうすればよいだろう」と問いかける。生徒を健二の立場に立たせて、「自分だったらどうするだろう」と問いかけてもよい。

　解決策としては、モラル・ジレンマの授業と同様に、次の二つがすぐに考えつく。1案「黙ったままにする。大輔を怒らせたくないため」。2案「先生に言いに行く。雄一にだけ責任を押し付けるのは悪いから」。そこで、教師は「三者が互いに納得できる解決策はないだろうか」と問いかける。そうすると、生徒どうしの話し合いによって、3案「大輔を説得したうえで先生に言いに行く」、あるいは4案「初めは先生に黙っておいても、後で皆で謝りに行く」などが提案される。生徒たちは教師や大人の支配から逃れて独自のリアルな価値観を築くため、こうした三つ以上の多様な解決策を比較することで、実践的な道徳的判断力を養うことができる。

　こうした選択肢の中から因果関係も踏まえて議論すると、「できるだけ早く大輔と直接話し合うべきだ」「自宅から電話かメールで連絡する」「大輔と合意を得られた後に、先生のところへ行くべきだ」などという具体的な行動計画も出てくる。健二は事前に大輔と相談して了解を得ることにより、誠実で責任ある態度と友情関係を両立させることができる。

　こうした複数の解決策について、役割演技（ロールプレイ）をして比較

検討してもよいだろう。その場合、できるだけ即興（アドリブ）で自分の考えた解決策を表現して、その是非を演技者や観衆で話し合う。たとえば、健二が大輔を説得する場面を取り上げ、「やっぱり僕にも責任があるんだから、ちゃんと謝りに行くよ。雄一にも悪いし、自分の生き方にうそはつけないからね」などと言う。このように問題場面を想定して自由に役割演技を行うことは、人間関係をより良く築くスキルトレーニングにもなるし、適切な自己主張をするセルフアサーショントレーニングにもなる。

応用問題として、社会問題化している食品偽装や贈収賄の事件を取り上げることもできる。「なぜこのような問題が生じたのか」「自分がその担当者の立場ならどうすべきか」「自分の選択が会社や社会全体にどのような影響を与えるか」について考えてもよいだろう。

4 問題解決型の課題

問題解決型の道徳授業は現実的な問題場面を想定して、具体的な対応策を考えるため、道徳的判断力や道徳的心情を養うだけでなく、道徳的行為や習慣にもつながり、道徳的実践力を総合的に養うことができる。ただし、こうした問題解決的な学習のルールや手続きを事前に習得していないと、なかなか良い解決策が出てこないで、話し合いが停滞することがある。また、役割演技やスキルトレーニング等を取り入れる場合は、教師の介入や方向づけが適宜必要になる。

おわりに

中学生はすでにある程度まで人生経験を積んでおり、善悪や正邪を判断する能力も身についており、人間としてどう生きるべきかについて自分なりにわきまえている。しかし、個別の道徳的な問題状況でどのように知識や経験を活用し、多様な利害関係者の立場を理解し、自主的に正確な判断を下すかについては、まだまだ未熟なところがある。それゆえ、道徳授業で分かりきった道徳的価値をただ追認しても意味がないし、安直な物語を提示して無理に感動させようとしても、なかなか心に響かないことがある。

中学校で充実した道徳授業をするためには、教師自身が道徳的価値を深く理解し、提示する物語の意味をよく分析し、生徒の思考を啓発し、心情を揺さぶる発問を創意工夫し、人間としての生き方を生徒といっしょにじっくり考えていく姿勢が大切になる。こうして道徳授業が中学生にとって自己の生き方や人間としての生き方について深く考え、自己を確立する機会となれば、それは生涯にわたって働く「生きる力」を育成する時間となるだろう。

【文献一覧】

　　相田みつを『にんげんだもの』文化出版局、1984 年

　　永野重史編『道徳性の発達と教育：コールバーグ理論の展開』新曜社、1985 年

　　文部科学省『中学校学習指導要領』東山書房、2008 年

　　文部科学省編『中学校／心に響き、共に未来を拓く道徳教育の展開』（道徳教育推進指導資料）財務省印刷局、2002 年

　　文部省『中学校読み物資料とその利用：「主として自分自身に関すること」』（道徳教育推進指導資料〈指導の手引〉）大蔵省印刷局、1991 年

　　柳沼良太『問題解決型の道徳授業：プラグマティック・アプローチ』明治図書出版、2006 年

　　柳沼良太『「生きる力」を育む道徳教育：デューイ教育思想の継承と発展』慶應義塾大学出版会、2012 年

第10章

教科教育と道徳教育

梶原郁郎

はじめに

　本章では次の論点の下、教科教育を通した道徳教育について検討する。
(1) 教科教育を通して意図的になしうる道徳教育とは具体的にはどのよう
なものか、(2) 教科教育を通して無意図的になされる道徳教育とは具体的
にはどのようなものか。前者については、道徳教育との関係が問われるこ
とが少ない算数・理科を取り上げて論じ、後者については、教科教育の負
の教育作用を潜在的カリキュラム論として論じる。以上の検討を本章は、
教科教育における学びのあり方を例示して進めるので、学校時代の自らの
学びを掘り起こしながら読み進めてほしい。

　なお本章では小学校の算数・理科を事例に挙げて、教科教育によって他
者の視点形成がどのようにして可能となるのかという観点から、教科教育
を通した道徳教育について検討しているので、中学校の教科教育に即して、
他者の視点形成を検討する作業は試みてほしい。また、本章では社会科教
育による道徳教育については論じないが、それについては、吉野源三郎の
『君たちはどう生きるか』を読んでいただきたい（10の章で構成される同書
を前に章間の関係を読み解くことに挑戦してほしい）。同書では、どのような
社会認識のあり方が行為・態度の形成に連動するのかが問われており、社
会科教育による道徳教育論として読むことができる。

第1節　教科教育を通した道徳教育

1　学習指導要領の「総則」における記述

　教科教育と道徳教育に関して2008（平成20）年に公示された、学習指導
要領はどのように記述しているのか、まず小学校学習指導要領「第1章
総則」を見てみよう。

学校における道徳教育は、道徳の時間を要として学校の教育活動全体を
　通じて行うものであり、道徳の時間はもとより、各教科、外国語活動、総
　合的な学習の時間及び特別活動のそれぞれの特質に応じて、児童の発達の
　段階を考慮して、適切な指導を行わなければならない。

　これを受けて「第3章　道徳」の「第1　目標」では、各教科と「密接
な関連」を図るように書かれている。

2　学習指導要領の「各教科」における記述

　その「密接な関連」について学習指導要領は「第2章　各教科」でも記
述している。同章の「第3節　算数」の「指導計画の作成と内容の取扱
い」では、「総則」の上記記述と「道徳」の「目標」とに基づいて、「道徳
の時間などとの関連を考慮」すること、「道徳」の「内容」の後述4項目
は「算数科の特質に応じて適切な指導をすること」とされている。同様の
ことは「理科」やその他の教科でも記されている。
　では、各教科を通した道徳教育とは、どのような授業を想定すればよい
のであろうか。その内容と方法を提示できなければ、各教科を通した道徳
教育は架空のものとなる。この課題を前に、本章が算数・理科を取り上げ
るのは、自然科学と道徳教育とは一般に疎遠な関係と見られていると思わ
れるからである。事実、算数および理科による道徳教育の授業事例は非常
に少なく、私たちはその内容と方法を容易に提示できないと思われる。た
とえば、かけ算の授業や質量保存の授業は道徳教育とは関係がない、と私
たちは見なしてはいないだろうか。これが一般的な通念であると思われる。

3　学習指導要領における「道徳」の「内容」

　その内容と方法を提示していくために、学習指導要領の「道徳」におけ
る「内容」の次の4項目に着目してみよう。

　(1) 主として自分自身に関すること。

(2) 主として他の人とのかかわりに関すること。

(3) 主として自然や崇高なものとのかかわりに関すること。

(4) 主として集団や社会とのかかわりに関すること。

　他者との関係を作っていくためには、自分自身を理解することが必要となるが、自己理解には、自己を外側（他者の立場）から見る目（パースペクティブ）が必要となる。その目の形成は、他者の視点形成と呼ぶことができるが、たとえばある2人組が公共交通機関の中で延々とおしゃべりを続けるのは、他者（他の乗客）の視点から自己を観察できないからである。他者の視点形成は、「集団や社会とのかかわり」を作っていくための不可欠な道徳的資質である。

4　算数・理科を通した道徳教育 〜他者の視点形成〜

　ここに道徳教育の課題を見据えて、本章は、算数・理科を通した道徳教育を明示する。この作業を前に、次の点を確認しておきたい。(1) 算数・理科の内容理解を児童に保障する中で、どのように他者の視点形成を保障するか、(2) 算数・理科を手段として、どのように他者の視点形成の課題を考えるのか。この (1) に立って、以下、算数・理科の特質を損なわず、それぞれの特質に応じた他者の視点形成（道徳教育）のあり方を提示する。

第2節　理科教育における道徳教育の局面

1　理科教育研究における「土着の知識」

　では、理科教育による他者の視点形成を具体的に示していこう。

　1960（昭和35）年前後から民間教育研究団体において、児童生徒が独自に所有している「知識」を明らかにする研究が始められた。仮説実験授業研究会の創設者である板倉聖宣（1930-）は、科学史研究を踏まえて、「従

来あまり重要視されなかった」学習者の「知識」（科学の知識としばしば相矛盾する見解）との対決を通して、学習者が科学の知識を獲得するように、授業を組織する（『科学の方法』p.217）。その「知識」は、授業研究で「素朴概念」「土着の知識」などと呼ばれるが、「土着の知識」と科学の知識を対決させるために、仮説実験授業では実験結果を予想・討論する場が実験前に設定される（同上書、pp.234-250）。この手順には、予想・仮説を持って自然に意識的に問いかけなければ、科学の知識は身につかないという板倉の科学論が踏まえられている（同上書、pp.23-26）。

2 「土着の知識」の事例〜仮説実験授業研究会の場合〜

その「土着の知識」の事例を見てみよう。同研究会の「ものとその重さ」の授業書は、体重計で人が体重を計る場面で、次の点を問う問題から始まる（『仮説実験授業入門』pp.71-75）。(1) 両足で立っているときが一番重くなる、(2) 片足で立っているときが一番重くなる、(3) しゃがんでふんばったときが一番重い、(4) どれもみな同じ。その実験の前に、児童は、自らの考えを自らの言葉で次のように表現している。「同じ重さのものでも、片足でたつとせまい所にかかる」から「ずっと重くなると思うな」（下線は筆者、以下同）、「力を入れると、何となくガッチリして、おす力が大きくなるだろうと思う」。この「土着の知識」が予想・討論の場で、モノの出入りがないかぎり、モノの重さは変わらないという科学の知識と対決させられている。自分はどのような「土着の知識」を持っているのかを意識するその過程は、自分を外側（他者の立場）から眺め見る過程である。この他者の視点形成は、「自分で自分の考えがよく分かる」（同上書、p.275）という授業後の児童の感想に端的に表れている。

3 「土着の知識」の事例〜極地方式研究会の場合〜

その「土着の知識」のもう一つの事例を、極地方式研究会の授業に見てみよう（『授業』pp.118-122）。(1) 台ばかりに載せたビーカー（水300ｇ）に塩10ｇを溶かした場合、(2) 台ばかりにビーカー（水300ｇ）と塩10ｇとを

別々に載せた場合、そのどちらが重いかを問う問題で、同研究会も実験の前に、児童に自分の考えを発表させている。(2) が重いと予想した児童は、「とけて見えなくなるから」「重さのあるものは見えるが、それがないから、やっぱり重さがなくなると思います」といった理由を、他方 (1) と (2) は同じと予想した児童は、「塩は水の中で小さい粒になっただけだからかわらないと思います」といった理由を言葉にしている。実験後、ある児童は次の感想を書いている。

・ぼくは塩を入れた方が軽いと思った。わけは塩がとければ重さがへると思いました。だけど実験したら同じでした。ぼくの考えはまちがっていることに気がつきました。やっぱり重さはとけてもかわらないことを知りました。

・ぼくはビーカーに水と塩を入れた方が軽いと思った。実験したらおなじだった。ぼくの考えは塩が小さくなって軽くなるからだ。でもやっぱり重さは小さくなってもおなじんだなあとわかった。

　このように実験前に自分の考えを言葉にする授業において、児童は実験後、実験前の自分を外側（実験後の自分）から対象視している。

4　理科の知識理解によって可能となる他者の視点形成

　以上のように、学習者に自分の「土着の知識」を気づかせて、それと対決させて科学の知識を獲得させる授業では、自分を外側から眺め見る他者の視点形成を保障できる。この点で、1960（昭和35）年前後から蓄積されてきているその授業には、道徳教育の局面を見いだせる。その他者の視点形成を学習者に保障するには、教師自身が自らの「土着の知識」を意識して（「土着の知識」は「大人」も所有している）、科学の知識を学び直すことが前提となる。なお、児童生徒がどのような「土着の知識」を所有しているのか、「土着の知識」を科学の知識に修正するのがいかに困難であるかについては、教育心理学においても細谷純・宇野忍らによって進められて

きているので、興味ある方はその著作を読み学んでほしい。

第3節 算数教育における道徳教育の局面

1 「0×2」の授業内容（発問系列）の構想

続けて、算数教育による他者の視点形成を具体的に示していこう。

みなさんは「0×2」の事例を提示できるだろうか。筆者の調査によれば、妥当な回答は大学1年生126名中68名（正答率約54％）であった。この結果は、「0」の理解は容易ではないこと、したがってその理解をどのような内容と方法で保障するのかが、入念に検討されなければならないことを示している。そこで筆者は数学教育協議会の授業を踏まえて（『数学教育論シリーズ（0）』pp.96-97）、「0×2」の授業内容を次の発問系列と教材で作成して、小学校4年生のクラスで実践した（授業者は大学院生）。

- 「2」（1あたり2個）を探す：うさぎ　1匹あたり　耳2本
- 「3」（1あたり3個）を探す：信号　1台あたり　ランプ3個
- 「8」（1あたり8個）を探す：タコ　1匹あたり　足8本
- 「0」（1あたり0個）を探す：カエル　1匹あたり　ヘソ0個

「2」「3」「8」そして「0」を世の中のモノから探させる・見つけさせることが、掛け算の理解の第一歩と考えて、この発問系列を作った。

2 「0×2」の授業内容（発問系列）の実践

その実践の中で、「2」「3」「8」「0」の次の事例を児童は見つけた。

- 「2」：象1頭あたりキバ2つ、鼻ひとつあたり穴2つ。
- 「3」：象の足1本あたり爪3つ、三角定規1つあたり辺3つ。

・「8」：タコ・クモ1匹あたり足8本、方位磁針1つあたり方位8つ。
・「0」：ヒト1人あたりシッポ0本、円1つあたり角0こ、
　　　　　タコ1匹あたり骨0本、人1人あたり毛皮0枚。

3 「0×2」の授業後の児童の感想～他者形成の局面～

そして授業後、授業の前の自分と授業の後の自分とについて感想を書かせた。ある児童の感想を見てみよう。

> 授業の前：ない物が2つあるということなので考えてもあまり思いつかな
> 　　　　　かったけどみんなの意見を聞いてよく分かりました。
> 授業の後：よく考えると近くで0×2の物があるのかなと思いました。

この児童は、「0」が分かり始めた授業後の自分によって、授業前は実は「0」について分かっていなかった自分を記述している。このように他者（授業後の自分）の立場から授業前の自分を見つめる他者の視点形成は、「こんかいの勉強をして思ったことははじめはよくわからなかったけど、やってみたらよくわかった」などの感想にも見いだせた。

4 算数の知識理解によって可能となる他者の視点形成

以上のように算数でも、他者の視点形成を意図的に進める道徳教育を実践できる。この視点形成も理科の場合と同様、学習者が算数の知識を理解しなければ保障できない。「身近なものであるんだな」と「0」を発見できてはじめて、授業前の自分を授業後に対象視できる、すなわち他者の視点形成は可能となる。算数の独自性を保存するその道徳教育は、算数の知識理解の保障を前提とする。たとえば「$y=0$」（知識）が実際に指し示す事例（意味）を教師が把握できていなければ、教師は児童にその知識理解を保障できず、したがって「$y=0$」の授業を通した他者の視点形成は保障できない。したがって教師は「$y=0$」の事例を提示できない場合、まずその知識を自ら学び直さなければならない。

第4節 教科教育における潜在的カリキュラム

1 潜在的カリキュラムとは何か

　次に潜在的カリキュラム論として、教科教育における無意図的な道徳教育について検討していこう。潜在的カリキュラムとは「目に見えない形で、子どもたちに影響を与え、その経験を与え、その経験を形づくり、方向づけていくカリキュラム」（『新教育学大事典（4）』p.501）のことで、学校教育の無意図的な教育作用、および同作用によって児童生徒が知らず知らずのうちに作り上げる心の習慣を意味する。

2 教科教育に内在する危険性〜知識の棒暗記〜

　教科の知識の理解は容易ではないことを、私たちの過去にまず確認してみよう。「0×2」に関する筆者の調査に戻れば、「2円のチョコを、誰も買わなかったときの、売り上げはいくらか」という回答が示すように、「0×2」と「2×0」との区別がつかない者は大学生でも少なくない。このように教科の知識の意味、すなわち、知識が指し示す実際の事柄をつかみ取ることは難しい。このことは、「『$y = 0$』の事例を挙げよ」「『$y = x^2 + 1$』を微分すると定数項が消える理由を説明せよ」などの問題を改めて自らに投げかけてみれば、確認できよう。

　「レイニガレイ（0×2＝0）」と計算できるが意味は分からないという事例が示すように、教科の知識は、デューイ（Dewey, John　1859 -1952）が指摘するように「現実ばなれした生気のない」もの、「抽象的で書物的な」ものとなりやすい（『民主主義と教育〔上〕』pp.22-23, 287）。「制度的な教授の教材〔知識〕には、それが生活経験の主題から切り離されて、単に学校での主題にすぎなくなってしまう、という危険が常につきまとう」、学校教育の「教材は単に知識それ自体のための知識として存在するかのように見え、学習活動は教材そのもののために教材に精通する行為にすぎないか

のように見える」。このように教科教育には、知識の意味を把握できない
まま、知識を棒暗記してしまう危険性が内在している。

3 知識の棒暗記がもたらす心の習慣

では、そうした知識の棒暗記を続けていけば、私たちの心にはどのよう
な習慣が知らず知らずのうちに根づくのであろうか。デューイの次の指摘
に注目してみよう。「彼ら〔生徒〕の生きた経験の対象がもっているよう
な現実性を、〔学校の〕教材〔知識〕がもっていないことは確かである。
生徒たちは、教材にその種の現実性を期待しないようになる。つまり、彼
らは、それが復唱や課業や試験のための現実性をもっているものとみなす
ことに慣れる」(同上書、p.256)。続けて次の指摘を見てみよう。学校教育
で「われわれはいともたやすく訓練されて、最小限の意味で満足し、意義
を与えるその諸関係についての自らの知覚がいかに制限されているかに気
づかないようになる。われわれは一種の疑似観念や半知覚に全く心底から
慣れてしまって、そのためわれわれは、自らの精神活動がどんなに鈍って
いるか気づかなく」なる(同上書、p.229)。

このようにデューイは学校教育の負の教育作用を洞察している。「0×
2」の授業のように、知識が指し示す実際の事柄(意味)を学習者が把握
できるように教師が教科教育を実践できなければ、そしてそうした知識理
解が保障されない「教育」を受け続ければ、学習者は知らず知らずのうち
に、知識の意味に目を向けようともしなくなり、知識の単なる暗記に疑問
さえ持たなくなりゆくであろう。この負の「知性」が潜在的に身につく危
険性が教科教育には内在している。上述の「$y = x^2 + 1$」の微分の問題を投
げかけられて、その理由を考えていなかったことに今はじめて気づいたと
すれば、私たちは「自らの精神活動がどんなに鈍っているか気づかなく」
なっていたということである。

4 知識の意味を考えない「知性」に付帯する態度

では、知識の意味を考えない「知性」は、知性の問題にとどまるのであ

ろうか、それとも社会的態度のあり方にも影響するのであろうか。

　この問いを前に、デューイの次の指摘に注目してみよう。

　　　人は、一般の言説の意味や他人が暗示した真実の意味を考えなかったと
　　き、つまりそれらを受容することによってそれ以降関わり合うことになる
　　事柄について粗略にしか調べなかったとき、一般の言説を受け入れ、他人
　　が暗示した真実を信じ込むということは、あまりに容易に理解できること
　　である。そのときには、観察も認識も確信も同意も、外部から与えられた
　　ものをただ鵜呑みにすることに付けられた名称となるのである。（同上書
　　p.283）（英文、p.178）

　ここに人間の精神（心）に関する次の法則が洞察されている。「一般の
言説」など知識の意味を考えない「知性」には、「一般の言説を受け入れ、
他人が暗示した真実を信じ込」みやすい態度、すなわち社会に対して無批
判な態度が付帯する。別の箇所での指摘を引けば（同上書、pp.297-298）、
「訓練されていない心」は、「世間に流布している誤 謬 ―無知そのものよ
りもさらに強大な学問の敵―に屈服する」社会的態度の土壌となる。

5　知識を棒暗記する「知性」に無批判な態度が伴う理由

　このような関係が、「知性」と態度との間にある理由を一考しておこう。
知識の意味を把握し知識を未知に活用できる人間は、その知識の真偽を絶
えず自分で確かめる。これに対して、教師に教授された知識をそのまま記
憶する人間は、その知識の真偽を検証しようとしないので、知識受容にお
ける慎重な態度は習慣化されない。「実験を何度も何度も重ねたことのあ
る科学者は、自分の意見について謙遜な心持を抱く癖がついてしまう」
（『アメリカ哲学〔上〕』p.41）ように、知識の真偽を知識の活用によって絶
えず検証する人間は、知識受容における慎重な態度が自然と形成される。
したがって知識を棒暗記する人間には、誤謬であれ世間の言説を「素直」
に信じる心的土壌がおのずと準備される（これは民主主義社会の人間類型と

は対照的なものであればこそ、知識を棒暗記する「知性」と「素直」な態度とは非民主主義社会の人間類型となる）。

6　本節のまとめ

以上を踏まえれば、知識の理解・活用が保障されない教科教育における潜在的カリキュラムは、次のように整理できる。(1) 知識の意味を考えようとしない「知性」が潜在的に作られて、(2) それに付帯して、社会に無条件に従う従順な態度が醸成される。教科教育に内在するその社会的・政治的局面は、潜在的カリキュラムのイデオロギー性を指摘したアップル（Apple, Michael　1942-）の研究（『学校幻想とカリキュラム』）にかかわる問題であるが、その観点は本章の観点とは次の点で異なる。そのイデオロギー性の問題を本章は、「公的な知識の中に社会の支配層のイデオロギーがどのように浸透しているのか」（『新教育学大事典〔4〕』p.502）という観点からではなく、知識理解が保障されない場合、学習者はどのような社会的・政治的位置に導かれることになるのかという観点から論じた。その社会性・政治性は、学校教育の知識にあらかじめ浸透しているものではなく、教師による知識伝達のあり方しだいで異なるものとなる。その社会性・政治性の原因を、知識ではなく知識伝達のあり方に見いだす潜在的カリキュラム論を、本節はデューイに依拠して提示してきた。

おわりに

以上本章は、知識理解を保障できるか否かがどのような可能性と危険性を持つのかに焦点を当てて、教科教育を通した道徳教育について検討してきた。本章前半ではその可能性を、他者の視点形成（自分を外側から見る他者の視点形成）の観点から、後半ではその危険性を、学習者がどのような負の心の習慣を潜在的に身につけるのかという観点から論じてきた。その後半で説明された、知識の意味を考えないことに"慣れる"習慣とは、いいかえれば、知識の意味を分かっていないことも自覚できなくなる習慣である。その習慣が知らず知らずに作られていく過程は、他者（自分を外

側から見る目）が不在化していく過程である。なぜなら分かっていないことを自覚するには、分かっていない自分を外側から見る他者の目（視点）が必要だからである。この点で本章後半の潜在的カリキュラム論も他者の視点形成の問題に直結している。

　以上を踏まえれば、教科教育において知識理解を保障する立場にある教師の学力が改めてクローズアップされてくる。教科の知識は、ある特定の教師によって学習者に教えられるので、たとえば分数の割り算で割る数を逆数にする理由を教師が理解できているか否かは、同じく分数の割り算の授業とはいえ、授業の質を全く異なったものにする。その理解ができていない教師は、分数の割り算の操作（計算の仕方）を教えることしかできない。したがって、分数の割り算の意味理解を学習者に保障できない。こうした教師の学力の高低は、教科教育において他者の視点形成を保障できるか否か、さらに、学習者の体内から他者の視点を不在化させる方向に、学習者を導くことになるか否かを規定する。したがって教師は教科の知識を自ら学び直すことによって、学習者が理解できるように知識を教える仕事に取り組む必要がある。これは容易な仕事ではないが、だからこそ、そこに教師の専門職としての意義があるわけである。

　最後に、本章の検討が学習指導要領の「道徳教育」にどのようにかかわるのか確認しておこう。現行の学習指導要領は前の学習指導要領（1998年）を引き継いで、第1節で説明したように「道徳」の内容を4項目に分けて、「他の人とのかかわりに関すること」をその一つとしていた。「他の人とのかかわり」を望ましいものにしていくには、自分自身が思っていること・考えていることを、他者の立場（視点）から眺めてみることが必要となる。そして自分の心情・考えが、他者との関係をつくりゆくうえで、望ましいものかどうかを判断しなければならない。このように「道徳」が他者の視点形成を要求することを指摘して、本章は、他者の視点形成が算数・理科を通してどのように可能となるのか説明してきた。この作業によって本章は、教科教育を通した道徳教育の事例が特に自然科学系の教科では非常に少ないと思われる現状を前に、一案を提示してきた。

【文献一覧】

アップル, M.（門倉正美他訳）『学校幻想とカリキュラム』日本エディタース
　　クール出版部、1986年

板倉聖宣『科学と方法：科学的認識の成立条件』季節社、1970年

板倉聖宣・上廻昭『仮説実験授業入門』明治図書出版、1965年

宇野忍編『授業に学び授業を創る教育心理学』中央法規出版、1995年

佐藤郡衛「潜在的カリキュラム・顕在的カリキュラム」細谷俊夫他編『新教
　　育学大事典』〔4〕第一法規出版、1990年

高橋金三郎『授業：研究と運動』明治図書出版、1970年

鶴見俊輔『アメリカ哲学』〔上〕講談社、1976年

デューイ, J.（松野安男訳）『民主主義と教育』〔上下〕岩波書店、1975年

Dewey, John , *Democracy and Education*, The Free Press, 1966

遠山啓『遠山啓著作集・数学教育論シリーズ (0)〔再版〕』太郎次郎社、1979年

細谷純『教科学習の心理学〔第2版〕』中央法規出版、2001年

文部科学省『小学校学習指導要領』東京書籍、2008年

吉野源三郎『君たちはどう生きるか』岩波書店、1982年

第11章

特別活動と道徳教育

松岡敬興

はじめに

　道徳教育では、道徳の時間を要として学校の教育活動全体を通じて行うことが、学習指導要領に示されている。一方特別活動では、道徳的実践の場として、さまざまな道徳的価値について新たな気づきを促し、道徳的実践につながる内面化が図られる。

　児童生徒に道徳性を養ううえで、特別活動における望ましい集団活動や体験活動が果たす役割は大きい。また行為を通して道徳的価値への気づきを促す場として、振り返りの活動が重要である。道徳の時間で考えた道徳的価値を踏まえ、特別活動に参画することで、主体的な学びが展開される。

第1節　特別活動による道徳教育

1　特別活動に見る道徳教育の意義

　小学校学習指導要領における特別活動の目標は、「望ましい集団活動を通して、心身の調和のとれた発達と個性の伸長を図り、集団の一員としてよりよい生活や人間関係を築こうとする自主的、実践的な態度を育てるとともに、自己の生き方についての考えを深め、自己を生かす能力を養う」である。また中学校学習指導要領では、集団から「社会」へ、自己から「人間」へと、発達段階に呼応させて適用範囲が広くなる。さらに高等学校学習指導要領では、人間としての生き方を育むうえで、その「在り方」を見据えることを求めている。

　これらは道徳の内容として示されている価値項目と合致する。主として自分自身、他の人とのかかわり、そして集団や社会とのかかわり、に関する道徳的価値として、児童生徒が特別活動での学級活動、児童会活動、生徒会活動、学校行事、クラブ活動（小学校）に参画することで、実感を伴う気づきをもたらすことができる。

道徳教育は、児童生徒が学校生活を送る中で、教育活動全体を通して行われる。道徳的価値については、さまざまな生活場面をとらえ、気づきを踏まえながら内面化を図り、道徳的実践力を培う。そして道徳的価値の理解から道徳的実践へと高める段階で、特別活動への主体的な参画を通して体得する経験値が生かされる。

　理解を行為につなげるためには、それを確かめながら実感できる場が必要である。そこで道徳的実践の場として、特別活動を位置づける。つまり、道徳の時間で理解した内容を追体験することで、新たな気づきが芽生え、それを道徳的価値として内面化する。すると道徳的実践力が高まり、道徳的実践がもたらされる。

　道徳教育では、学校生活をはじめ日常の場面で、道徳的価値を踏まえた能動的な行為として自己表現できることを目指す。自ら道徳的価値に気づき、主体的に道徳的行為として具現化を図るには、道徳的実践の場として特別活動が不可欠である。

2　特別活動に見る道徳教育が目指すもの

（1）生活づくりで「集団でのあり方」を育む

　児童生徒は、学級の構成員としてかけがえのない重要な一員である。学級活動では、それぞれが集団への帰属意識を持ち、自分たちでつくりあげようとする姿勢が重要である。より望ましい学級の雰囲気づくりに向けて、自分たちの目標を掲げ、自発的・自治的な活動が望まれる。

　ここで望ましい人間関係づくりとして、児童生徒一人ひとりに居場所がある学級づくりを取り上げる。昨今、構成的グループ・エンカウンターをはじめ、ロールプレイなど多様な手だてが講じられている。児童生徒はさまざまな活動に参画することで、自己理解、他者理解を深め、新たな人間関係を構築する。同時に周りの友達とのかかわり方や学級集団におけるあり方についても、道徳的価値として内面化する。

　教師は、望ましい人間関係づくりを目指し、児童生徒に「自分を知る、相手を知る」ことがもたらす「良さ」を実感させたい。互いに自己開示す

ることで新たな気づきがもたらされ、内面化されることにより、再び同様の取り組みと向き合うときに、自発的・主体的な行動を後押しする原動力になる。

（2）学級活動で「人間性」を培う

学級活動では、望ましい人間関係の形成、集団の一員として学級や学校におけるよりよい生活づくりへの参画、諸問題を解決しようとする自主的、実践的な態度や健全な生活態度の育成を目指している。

中学校学習指導要領の学級活動の「内容」の「⑵適応と成長及び健康安全」に着目すると、不安や悩みとその解決、自己及び他者の個性の理解とその尊重、社会の一員としての自覚と責任、男女相互の理解と協力、望ましい人間関係の確立、ボランティア活動の意義の理解と参加、健康で安全な生活態度や習慣の形成、などが示されている。これらは人間としてのあり方・生き方を問うものであり、道徳的価値とも合致しており、学級活動を通して気づきを促すことで道徳性を育むことができる。

たとえば豊かな人間性を育むためには、自己の良さに気づくことが求められる。自ら日常への「振り返り」を行うとともに、グループで話し合うことにより、自分では気づき得ない良さを知ることができる。自己理解を深め「必要とされている自分」を認識することで、自尊感情が芽生える。児童生徒の発達段階を踏まえつつ、多様な活動を進めるうえで、主体性が大きく影響することから、学級活動のねらいを明確化し、系統的・計画的に行いたい。各活動と道徳的価値との関連性を明らかにしたうえで児童生徒が参画することにより、豊かな人間性を培うことになる。

（3）キャリア教育で「自己」を伸ばす

キャリア教育として、小学校第4学年を対象にした「二分の一成人式」が複数時間を充てて実施されている。その目標として、校歌に学び郷土の良さを知る、これまでの自分を振り返りながら将来を見据える、自分を支えてくれる人たちに感謝する、自己実現に向けて意欲を高める、などが挙げられる。

取り組みの準備や運営などについては、全てを児童の手で行い、集団活

動として展開する。このことが児童の自発性・主体性を育む機会にもなる。発表会では、保護者にも参加を呼びかけ、会場のみんなで満10歳を祝うことから、児童一人ひとりが人生の節目を実感することができる。

　小学校学習指導要領の学級活動の「内容」の〔共通事項〕「(2)日常の生活や学習への適応及び健康安全」に当てはめると、希望や目標をもって生きる態度の形成、望ましい人間関係の形成、当番活動等の役割と働くことの意義の理解、などが目標と合致する。

　ここで道徳性の育成に着目し、キャリア教育として掲げた目標内容と照合すると、向上心・個性伸長、友情・信頼・助け合い、尊敬・感謝、勤労、家族愛、愛校心、郷土愛、などとの価値項目が一致する。

　複数時間を充てて取り組むことで、児童は多くの道徳的実践の場を体験し、多様な道徳的価値を実感し、内面化を図ることになる。

(4) 生徒会活動で「集団における自治」を学ぶ

　中学校における生徒会活動では、全ての生徒を対象にして、よりよい学校生活の実現を目指す。中学校学習指導要領では内容として、生徒会の計画や運営、異年齢集団による交流、生徒の諸活動の連絡調整、学校行事への協力、ボランティア活動などの社会参加、が示されている。

　身の回りの諸課題を取り上げ、自分たちの手で解決に向けた取り組みを行うことで、集団生活を向上させるための自治的な視点が養われる。また、自発的かつ発展的な活動へと高めるうえで、生徒主導で進めることが肝要である。さらに、自治的な活動として定着を図るうえで、教師は支援者の立場でかかわることに徹したい。

　ところで高校の生徒会が中心となり、小中学校の児童会・生徒会と協働しながら取り組む、異年齢集団による活動の例として「みとよ・ヤング・エコ・サミット」（香川県三豊市）が挙げられる。これは、ある高校の生徒会が、市内にある全ての小・中・高校に呼びかけ、児童会・生徒会の代表者が一堂に会し、自校の取り組みを地域で共有するためにそれぞれの提案を発表したものである。たとえば、アルミ缶の回収で集めた資金を元に海外の小学校を支援したり、地域の清掃活動を積極的に行うなど、エコ活動

の活性化を目指す内容が示された。

(5) 学校行事で「道徳的実践」による気づきをもたらす

　学校行事は、全校または学年を集団として行う集団による体験活動である。小学校学習指導要領の目標として、主に、望ましい人間関係の形成、集団への所属感や連帯感の深化、公共の精神の涵養^(かんよう)、自主的、実践的な態度の育成、が示されている。また、中学校では小学校と同様であるが、高等学校になると、着眼点として、学校生活のみならず社会生活へと対象が広がる。

　ここで学校行事の例として、ある高等学校での合唱コンクールを取り上げる。生徒一人ひとりが伴奏のピアノに合わせて自らの役割を果たすことにより、美しいハーモニーが奏でられる。学級のリーダーが中心となり、課題曲の練習計画に沿って主体的に進める。生徒どうしが互いに目的を同じくして時間共有することにより、人間関係の風通しが良くなり、帰属意識が高まる。自分たちの歌声を協力し合いながら、創り上げることへの喜びと、自己存在感を実感することにより、自尊感情が高まる。さらに、コンクールの企画・運営についても、生徒が主体的にかかわることができる。つまり、特別活動の良さである、生徒が自発的・主体的に活動できる道徳的実践の場である。

　合唱コンクールに見る道徳的実践の場を通して得られる新たな気づきに着目すると、道徳的価値として、思いやりの心、友情・信頼、助け合い、役割・責任、集団生活の向上、学級の一員としての自覚、が挙げられる。道徳的実践の場である体験を振り返り、達成できたこと、残された課題を整理することにより、生徒自身が道徳性の成長を実感し、道徳的価値を体得する。

第2節　特別活動と道徳の時間

1　特別活動に見る道徳の時間の意義

　学習指導要領には、道徳教育の目標として、道徳の時間を要として、学校の教育活動全体を通じて、道徳的な心情、判断力、実践意欲と態度などの道徳性を養う、と示されている。道徳の内容については、年間を通じて全ての項目を授業で網羅する。残された授業時数は、児童生徒の実態を鑑み、強化が望ましい道徳的価値について、複数時間をかけて重点化する。

　道徳の時間では、教材（読み物、記事、写真、映像、録音、ほか）を用いて、児童生徒に道徳的価値への気づきを促し、それを日常の場面において実践しようとする内面的な理解を促す。気づきを実践に移すには、行動化に向けた道徳的実践力が不可欠である。そこで、道徳の時間での学びを基に、特別活動において具体的に道徳的実践として体験することで、気づきから理解への内面化を図る。道徳的価値を踏まえた行為を主体的に具現化するには、道徳的実践力と道徳的実践とをつなげたい。

　たとえば、学校行事におけるさまざまな体験活動が人間形成に大きく寄与するのは、道徳的実践力が体得できるからである。児童生徒が、これまでの自分自身と向き合いながら将来を見据えた生き方を追求するうえで、道徳の時間での学びが生かされる。

2　体験活動と道徳の時間とのかかわり

（1）「系統的・計画的」な指導計画の下で行う

　道徳の内容として、小学校低学年で16項目、中学年で18項目、高学年で22項目、そして中学校では24項目の道徳的価値項目が示されている。学校行事の内容とそれぞれの道徳的価値とを照合のうえ、児童生徒の実態を加味しつつ、ねらいの焦点化を図る。また、価値項目の内容によっては、実施するタイミングがおのずと固まるものもある。

たとえば、中学校の道徳の内容4-(7)「協力」は、新学期および各学期の始めに位置づけられる傾向が見られる。これは、学級づくりを円滑に進める段階で、あらためて生徒に学級の一員としての自覚を促し、集団への帰属意識を高めるとともに、望ましい人間関係の構築を目指し、具体的な実践を促すことになる。

　また特別活動における各学校行事については、それぞれ年間計画に位置づけて、その教育効果を高めるうえで、道徳の時間と連動させたい。ただし、学校行事のねらいに沿い、児童生徒が道徳的価値を内面化していくうえで、あくまで気づきを促すことを踏まえる必要がある。つまり学校行事を通して体得した新たな気づきが道徳的実践力を高め、学校生活をはじめ日常における道徳的実践を後押しする。

　さらに、より効果的に日常における道徳的実践を促すには、道徳的価値への気づきと道徳的実践で得た感性とを反芻させると効果的である。感動で得た気づきを持続させるには、なるほどと実感できる行為の良さに気づき、内面化することが求められる。

　そこで道徳の時間では、全ての価値項目について系統的・計画的に配すること、適宜、見直して改善を加えることが重要になる。児童生徒の実態は日々変容しており、教師は、短期・中期・長期を見据えた指導を心掛け、年間計画については柔軟な姿勢で臨み、道徳的価値の内面化を促す教育実践へとつなげるために、特別活動と連動させると効果的である。

（2）児童生徒の実態を見据えた「重点化」を図る

　児童生徒の実態を踏まえつつ、新たな気づきを内面化するうえで、ねらいとする道徳的価値について、ガイダンスプログラムとして複数時間で臨むことも視野に入れたい。中学校学習指導要領（道徳）では、全ての道徳的価値項目について、年間を通して行うことが明記され、配当されている35時間のうち、残された時間を重点項目の指導に充てる。

　たとえば、中学校の道徳の内容2-(2)「思いやり」を、各学期に配することが挙げられる。いじめを予防するために、相手の気持ちをおもんぱかりながら行動することの大切さについて、気づきを促すものである。生徒

どうしで、誰しもがかけがえのない存在であることを認め合い、それを踏まえた諸活動を展開することで、こうした理解を定期的に再確認することができる。

そこでガイダンスプログラムとして、体験を通して道徳的価値を追求することを視野に入れたい。その一つがねらいへの気づきを促すために、ロールプレイ（役割演技）を取り入れた授業である。ただし、ロールプレイがもたらす気づきは大きな教育効果を見込めるものの、それに要する時間が課題である。また、演者（演技者）と観衆（ロールプレイの見学者）によるシェアリング（振り返り）を行う際、教師はファシリテーターとして道徳的価値へのアプローチを担うことから、その対応が鍵を握る。

できるだけ多くの生徒がロールプレイを体験し、追体験を通して新たな気づきを得ること、多様な形で表現されるロールプレイを目の当たりにして、生徒が葛藤場面への理解を深め、当事者意識を抱きながら取り組むロールプレイを追求するには、複数時間を充てることで可能になる。本時でロールプレイを録画しておいて、次時で再度視聴することにより、前回とは異なる気づきが芽生える。自らの考えを振り返り、新たな道徳的価値への気づきを再構成することで、道徳的実践力が高まり、行動化をもたらすことになる。

（3）体験活動を道徳の時間と「連動」させる

児童生徒が体験を通して得る気づきは、行動化を後押しする道徳的実践力として持続される。体験活動では、そのねらいを達成するために、さまざまな手だてが講じられる。

児童生徒が、自ら体験することで得られる感情は、教材を通した学びとは異なる。それは体験をすることに意義を見いだすものではなく、その先にある道徳的価値への気づきである。それは道徳的実践力を高め道徳的実践を促し、ひいては人間形成に大きく寄与する。つまり、体験を通した気づきを基に、自ら日常を振り返り、同時に今後のあり方について自問自答が始まる。

体験活動を道徳の時間と連動させるには、教師が活動のねらいを理解し、

双方の関連づけを図る必要がある。つまり体験活動を通して、道徳の時間で学び得た道徳的価値に気づかせたい。体験活動では、事前指導で活動のねらいを明確にし、事後指導の振り返りを通して、活動場面での実際を吟味すると同時に、何が新たな気づきとしてもたらされたのか、時間をかけて見つめ直したい。それが道徳的価値の押しつけにならないように、教師は児童生徒から意見を吸い上げて、仲間どうしで気づきを共有できるようにしたい。

　すると児童生徒一人ひとりの気づきを、周りの仲間で共有でき、達成感と自己肯定感で満たされる。そして活動を支える原動力としての自尊感情が高まり、体験を肯定的に自己評価するとともに、周りの仲間との意見交換により、自己有用感を実感する。体験活動や道徳の時間を支える自己有用感は、道徳的価値を追求するうえで、取り組みへのモチベーションを維持する際に欠かせない。同時に教師は全ての児童生徒の現状把握に努め、体験活動を意図的に展開させることも視野に入れることが重要である。

（4）「連動」を企図した単元指導計画の実際

　特別活動と道徳の時間との連動を企図した取り組みの例として、泉野小学校（金沢市）の第1学年「友達となかよくする気持ちについて考えよう」が挙げられる。実施時期は5月から7月の3カ月を充てる。気づき、深まり、広がりの3段階で、多様な授業や活動を意図的に連動するように単元指導計画が構成されている。

　主として道徳の時間を中心に、特別活動、教科、日常活動、家庭や地域をも巻き込み、相互間で考えを深められる構造である。道徳の時間として3時間を充て、道徳的価値項目（4-(4)愛校心、2-(3)友情〈2時間〉）での学びを深める。

　関連させて特別活動では、学校行事（「遠足」「マラソン大会」「1年生と仲良し大作戦」）や学級活動（「初めての座席替え」）を行うことで、道徳的価値への気づきを促す。

　さらに各教科の時間において、音楽科（「歌で仲良しになろう」）、生活科（「仲良しいっぱい大作戦」「夏、大好き」）、図画工作科（「みんなで飾ろう」）、

国語科（読み聞かせ）、体育科（水遊び）、を通して道徳的価値への気づきがもたらされる。それぞれの取り組みを、意図的につないで行うことで、相乗効果が期待でき、児童の道徳的実践力が高まる。

（5）道徳的価値への自発的な気づきをもたらす

　特別活動における体験の場は、道徳的価値への気づきを促す絶好の機会である。そこで教師は、体験活動と道徳の時間との意図的な関連づけを工夫する。中でも、主体的な「振り返り」による新たな気づきを、全て尊重する対応が重要である。そして道徳的実践力として持続させるうえで、自らの生き方として自己決定のうえ内面化へとつなげたい。すると道徳的価値への自発的な気づきを、日常の場面において道徳的実践として具現化できる。

　この実現についての分岐点は、教師が児童生徒に対して、道徳的価値への気づきをどのように工夫・展開できるかどうかである。最も危惧されるのが、道徳的価値の押しつけになりかねないことである。教師は常に道徳的価値を見据えながら、児童生徒の日常の行動をしっかりと観察し、日々の朝の会や終わりの会で的確な評価を伝えることを心がける。道徳教育は、学校の教育活動全体を通して行うことから、教師は主体的に観察する力量を高めたい。そして、教師の感情や思いを、最も適切な言葉を選択し、気持ちをこめて表現すると、児童生徒の心を揺さぶることができる。それが心の葛藤を経て内面化された道徳的実践力として、道徳的実践をもたらす原動力になる。

第3節　特別活動と道徳教育のこれから

1　現状と課題

　児童生徒は、特別活動にどのように向き合えているのか。各アンケート調査結果を見ると、学級活動・ホームルーム活動は、内容の項目が多いこ

とから、十分な実施が課題である。児童会・生徒会活動は低調である一方で、クラブ活動は活発に行われている。学校行事については、内容が精選され高い実施状況にある。

　こうした現状を踏まえ、特別活動への期待として、なすことによって学び、感動や挑戦、汗を流すことが挙げられる。集団活動として児童生徒が自発的かつ主体的に取り組める環境を整備したい。また、小さな社会である児童会活動・生徒会活動を通して、自発的・自治的な取り組みを展開することにより話し合い、結論に至る民主主義のあり方についても、積極的に展開する必要がある。このことは、学級活動（生活づくり）においても同様である。

　多様な教育実践をなぜ行うのか、児童生徒が取り組みの意義を理解し、活動を展開することが求められる。活動の目的を明確にすることで、集団や自分とのかかわりを踏まえつつ、意義を自覚した行動化がもたらされる。

2　自律性を持続させるには

　特別活動の特性として、集団活動であり、自発的・自治的な活動であることが挙げられる。児童生徒は、学校や学級の諸問題を取り上げ、自分たちの力で解決していく過程において、主体的な活動を促す。

　人間形成を図るうえで、各教科、道徳、特別活動、総合的な学習の時間等を関連づけて機能させると効果的である。道徳教育に着目すると、多様な取り組みに参画することで感性が養われ、新たな気づきが道徳性を育むことになる。

　教師が、さまざまな教育実践を進めるうえで、「なぜ」これを行うのか、ねらいを明確に持ちながら企画・運営することで、児童生徒の自発的な気づきがもたらされる。特別活動の自律性は主体的な学びにあり、決して押しつけではない。与えられた気づきは持続しないが、自ら獲得することで持続し人間形成に寄与する。

　特別活動は、道徳性を育む万能の場ではなく、活動を通した結果として、道徳性が培われる。その際、具体的な体験活動による教育効果が大きい。

児童生徒が自分たちの意思の下で、自由に活動できる場があることは意義深い。

おわりに

　道徳の時間を要に据えた道徳教育を、すべての児童生徒に対して、学校生活の中で進めていきたい。教師は、学校生活の場面ごとに、道徳的価値項目を意識しながら、児童生徒とかかわることが求められている。道徳の時間での道徳的価値にかかわる学びを、特別活動における道徳的実践を通して新たな気づきを促し、その内面化を図るうえで、教師は児童生徒に対して、気づきを深める評価とその後の追跡が必要になる。

　ところで、特別活動と道徳教育とのかかわりは、車の両輪に当たる。道徳の時間での学びから道徳的実践力を高めるうえで、道徳的実践の場としての特別活動が不可欠である。理解から行為への具現化を促すには、児童生徒自身が決断する力が必要になり、それが体験活動を通して体得した道徳的価値への新たな気づきである。

　道徳教育の教育効果を高めるうえで、特別活動をはじめとする教育活動全体の内容と道徳的価値との関連について、再度吟味し直したい。そして、実施時期を考慮のうえ効果的な手だてを講じ、児童生徒が主体的に活動することで気づき得た道徳的価値への知見と対峙し、それを内面化し持続させることが求められる。教師は、児童生徒の発達段階を踏まえながら、日常において適宜、道徳的価値を見据えながら観察に努める。そして評価を発信することで、より望ましい人間形成に寄与することができる。

【文献一覧】
　　尾田幸雄・岩上薫『道徳教育の実践：事例解説』学陽書房、1983 年
　　押谷由夫『道徳教育新時代：生きる喜びを子どもたちに』国土社、1994 年
　　金沢市立泉野小学校「第五十一回教育研究会要項」2013 年
　　教育課程研究センター編『楽しく豊かな学級・学校生活をつくる特別活

動：小学校編』文部科学省国立教育政策研究所教育課程研究センター、2013年

全国道徳特別活動研究会『道徳・特別活動の本質：青木理論とその実践』文溪堂、2012年

高階玲治「新教育課程下の「体験的な学習」の位置づけと役割」『月刊教職研修』No.446、教育開発研究所、2009年

高階玲治「市内全校が取り組むエコ活動」『教育新聞』第3145号、2012年10月1日

日本道徳教育学会編『道徳教育入門：その授業を中心として』教育開発研究所、2008年

文部科学省『中学校学習指導要領解説 総則編』ぎょうせい、2008年

文部科学省『中学校学習指導要領解説 道徳編』日本文教出版、2008年

文部科学省『中学校学習指導要領解説 特別活動編』ぎょうせい、2008年

香川県三豊市ホームページ：「みとよ・ヤング・エコ・サミット」

http://www.city.mitoyo.lg.jp/forms/info/info.aspx?info_id=6810

2013年9月30日確認

第12章

学校全体で行う道徳教育

田中智志

はじめに

　「道徳」についての「学習指導要領」は、小学校では2011（平成23）年4月から、中学校では2012（平成24年）4月から実施された。この学習指導要領が強調していることは、子どもたち一人ひとりの現状を踏まえつつ、一人ひとりに「生きる力」を育むこと、すなわち知識技能の習得とともに主体的な思考力・判断力・表現力などを育成することである。文部科学省は、こうした教育方針を、「ゆとり」でも「詰め込み」でもなく、主体的に未来を切り開く「生きる力」の形成であると形容している。そして「道徳」は、そうした「生きる力」の形成契機の一つとして位置づけられている。

　学習指導要領はまた、道徳教育を、「道徳の時間」だけでなく、「学校の教育活動全体」を通じて行われるものと定めている。中学校学習指導要領の「第1章　総則」の「第1　教育課程編成の一般方針」の第2項には、「学校における道徳教育は、道徳の時間を要として学校の教育活動全体を通じて行うものであり、道徳の時間はもとより、各教科、総合的な学習の時間及び特別活動のそれぞれの特質に応じて、生徒の発達の段階を考慮して、適切な指導を行わなければならない」と記されている。

　本章の課題は、ここに記されている「学校の教育活動全体で行う道徳教育」とはどのようなものか、その本質を確かめることである。端的に言えば、それは、教師一人ひとりが日々の活動において道徳的にふるまうことであるが、それは、教師がたんに道徳規範に従うことでない。松下良平が指摘しているように、たんに道徳規範に従うことは、しばしば道徳的ではないからである（『道徳教育はホントに道徳的か？』参照）。これは、学習指導要領には書かれていないが、道徳教育実践の要点の一つである。

第1節　何が「道徳」と呼ばれているのか

1　道徳規範としての「道徳」

　学校教育における「道徳」は、基本的に「児童・生徒は…すべきである」という規範（以下、道徳規範）である。この「すべきこと」の内容は相手によって区別される。その相手は自己、他者、自然、そして社会に分けられる。すなわち、学校教育における道徳とは、児童生徒が自己・他者・自然・社会に対してとるべき態度、正しいかかわり方である。

　学校教育における道徳規範を定めているのが、文部科学省が定める学習指導要領である。小学校・中学校の学習指導要領の第3章「道徳」には、自己とのかかわり方、他者とのかかわり方、自然とのかかわり方、社会とのかかわり方という四つの領域が設けられ、小学校の場合低学年で16項目、中学校で18項目、高学年で22項目、中学校の場合24項目の道徳規範が列挙されている。さしあたり、これらの道徳規範が「道徳」の内容である。

2　小学校の道徳規範

　この「道徳」の内容を確認しよう。小学校高学年（第5学年及び第6学年）を例にとって言えば、学習指導要領は次のような道徳規範を掲げている（「　」付きは、後段の議論のため、原文のままの引用である）。

　第一の自己とのかかわり方については、六つの道徳規範を掲げている。①生活習慣の大切さを知り、自分の生活を見直し、節度を守り節制に心がけること、②より高い目標を立て、希望と勇気を持ち、くじけず努力すること、③自由を大切にし、自律的で責任ある行動をすること、④誠実に明るい心で楽しく生活すること、⑤真理を大切にし、進取の精神をもち、生活をよりよくすること、⑥自分の悪い所を改め、良い所を積極的に伸ばすこと、である。

　第二の他者とのかかわり方については、五つの道徳規範を掲げている。

すなわち、①時と場をわきまえ、礼儀正しく真心をもって接すること、②無条件の思いやりの心を持ち、相手の立場に立って親切にすること、③信頼し合い、学び合い、友情を深め、性別を超えて協力すること、④自分もまた過ちを犯すことを自覚し、他者の過ちを許すという謙虚な心を持ち、また広い心で自分と異なる意見や立場を大切にすること、⑤日々の生活が人々の支え合いで成り立っていることに感謝し、それに応えること、である。

第三の自然（美しいもの・崇高なものを含む）とのかかわり方については、三つの道徳規範を掲げている。①命のかけがえのなさを知り、命を尊重すること、②人の力が及ばない「自然の偉大さを知り、自然環境を大切にする」こと、③優れた芸術作品のような「美しいものに感動する心や人間の力を超えたものに対する畏敬の念をもつ」こと、である。

第四の社会（集団を含む）とのかかわり方については、八つの道徳規範が掲げられている。すなわち、①「公徳心をもって法やきまりを守り、自他の権利を大切にし進んで義務を果たす」こと、②誰に対しても差別せず偏見を持たず、公正・公平に接し、正義の実現に努めること、③身近な集団に進んで参加し、自分の役割を自覚し、主体的に責任を果たすこと、④仕事の意義を理解し、社会に奉仕する喜びを知り、公共的であること、⑤家族の幸せを求め、家族と助け合うこと、⑥先生や学校の人々への敬愛を深め、より良い校風をつくること、⑦郷土や我が国の伝統と文化を大切にし、先人の努力を知り、郷土や国を愛する心を持つこと、⑧外国の人々や文化を大切にし、日本人としての自覚を持って国際交流を行うこと、である。

3　中学校の道徳規範に追加されたもの

中学校についても、自己、他者、自然、世界の四つの領域が設けられ、その内容は基本的に小学校高学年と変わらない。しかし、規範自体は二つ増えて、24の規範が掲げられている。発達段階に合わせて文言が変更されていること以外に確認しておくべきことは、次の二つである。

一つは、小学校高学年の「自然の偉大さを知り、自然環境を大切にする」と「美しいものに感動する心や人間の力を超えたものに対する畏敬の念をもつ」という二つの規範が、「自然を愛護し、美しいものに感動する豊かな心をもち、人間の力を超えたものに対する畏敬の念を深める」とまとめられ、新たに「人間には弱さや醜さを克服する強さや気高さがあることを信じて、人間として生きることに喜びを見いだすように努める」が追加されていることである。この規範は、道徳的な強靱さや気高さが「良心」という内なる声に由来することを前提にしている。

　もう一つは、「公徳心をもって法やきまりを守り、自他の権利を大切にし進んで義務を果たす」という規範が、「法やきまりの意義を理解し、遵守するとともに、自他の権利を重んじ義務を確実に果たして、社会の秩序と規律を高めるように努める」と「公徳心及び社会連帯の自覚を高め，よりよい社会の実現に努める」という二つの規範に分けられ、拡充されていることである。この拡充が意味していることは、道徳的であることが、定められた道徳規範や社会秩序にただ従うことにとどまらず、自分の「良心」の声に耳を傾け、「よりよい社会の実現」のために、日々の自分たちの諸活動をより良く変えてゆくことであるということである。

　ようするに、学習指導要領は、小学校の段階では、所定の道徳規範を子どもたちに内在化させることを主に求めているが、中学校の段階では、子どもたちが所定の道徳規範をより良く運用し修正してゆくことを、明示的ではないが求めている。これは、現代社会が絶えず変動し予測しがたいという現実を見据えたうえでの求めであるが、そこで言及されている「良心」の声は、後ほど述べるように、道徳規範を支える礎である。

1　学校の教育活動全体とは

　先ほどふれたように、小学校・中学校の学習指導要領の第3章「道徳」の「目標」において、「道徳教育の目標は…学校の教育活動全体を通じて、道徳的な心情、判断力、実践意欲と態度などの道徳性を養うこととする」と定められている。この規定について確認すべきことは、「学校の教育活動全体」が、つまるところ、教師一人ひとりの教育活動であること、その教師が「道徳性」の体現者であること、この二つである。

　まず、「学校の教育活動全体」は「道徳の時間」のみならず、「各教科、外国語活動、総合的な学習の時間及び特別活動」を指すが、突き詰めて言えば、それは、すべての教師が行う日々の活動の全体である。つまり、「学校の教育活動全体」とは、学校にいる教師一人ひとりの教育活動の全体である。それは、たとえば、朝、登校してくる子どもに、「おはよう！」と挨拶をすることであり、うつむきがちの子どもに、さりげなく声を掛け、寄り添うことである。また、協働学習のときに会話に入れない子どもを気遣い、その背景を確かめ、対処することである。絶えず子どもたち一人ひとりの情況を把握し、子どもがより快適に過ごせるように言葉を掛けること、抱えている問題をまずは共有することである。

　次に、こうした教師の教育活動全体それ自体が教師の道徳性の表れであるべきである。後にあらためて取り上げるが、学習指導要領のいう道徳性は、「道徳的な心情、判断力、実践意欲と態度など」であるが、それは、いいかえれば、正義・正直・気遣いといった「道徳的価値」に基づいて「自己の生き方についての考えを深め」、そうした考えに基づく「道徳的実践力」を発揮すること、つまり、より良く生きるための思考と実践である。すなわち、教師であるということは、理知的であると同時に道徳的でもあることである。教師が理知的であることは、教師が各教科の論理、すなわ

ち国語の考え方、数学の考え方、理科の考え方などをその言動の全体を通じて、子どもに伝えることである。これに対して、教師が道徳的であることは、教師がよりよい生、すなわち置かれた情況のなかでより良く生きる姿、いいかえれば、自分なりに他者・自然・社会に無条件の思いやりを持とうと努力する姿を、子どもに示すことである。

2 学校の教育活動全体を通じて行う道徳教育の基本方針

『学習指導要領解説』によれば、この「学校の教育活動全体」を通じて行う道徳教育は、それぞれの教育活動の特質に応じて展開されるべきであるが、その全体を貫くような指導の基本方針が六つ示されている（以下、「　」内の文言は小学校／中学校の『学習指導要領解説』共通部分からの引用）。

（1）それぞれの教育活動の特質によって道筋は違うが、教育活動全体が道徳性の育成を目指すことである。すなわち、各教科、総合的な学習の時間、特別活動は、それぞれ固有の目標や内容を持っているが、それらはすべて、児童生徒の「豊かな人格の形成」につながらなければならない。

（2）教師と児童生徒の信頼関係と、児童生徒相互の人間関係の充実を図ることである。すなわち、学校教育のあらゆる機会を通じて、教師は「一人一人の児童生徒に温かく接し、共に考え、悩み、夢や感動を共有するという基本姿勢」を示さなければならない。加えて、児童生徒が相互の交流を深め、互いに節度を持ちつつも伸び伸びと生活しながら、「認め合い、助け合い、励まし合い、協力し合う態度」を育てなければならない。

（3）児童生徒が「人間としての生き方」についてよく考えるように指導を充実させることである。小学生はさまざまな場面で道徳性を形成しうるので、学校はその機会を十分に用意しなければならない。それは「共に学ぶ楽しさや自己の成長に気付く喜びを大切にし」、自分の「成長を実感し、これからの課題や目標が見付けられる」ようにすること、「各教科等の学習が自らの生き方に深くかかわることを実感できる」ようにすることである。中学生は自己認識を格段に高め、将来の自分に強い関心を抱くようになるので、「いかによく生きるか」という問題を、「人間とは何か」という

根本的な問いとともに深めなければならない。また、具体的な進路選択のために、自分の個性・能力・適性を見定め、その伸長を図りつつ、「人間としての生き方」についての自覚を深めなければならない。

(4) 豊かな体験活動の充実と他者とのかかわりのなかで、児童生徒が自分を振り返る契機を充実させることである。小学校では、集団宿泊活動、ボランティア活動、自然体験活動などによって、道徳性育成のための直接的体験を用意しなければならない。そうした活動においては「児童が体全体で対象に働きかけ、かかわることにより、心が動かされ、新たな気付きや見方の広がりをもたらすような豊かな体験の充実」が期待されるからである。中学校では、直接的体験だけでなく言語的経験を通じても道徳性を育成しなければならない。とりわけ、「共に学ぶ楽しさや自己の成長に気付く喜びを大切に」し、「各教科等の学習においても、自らの生き方に直接かかわることを実感できるようにする」ことが重要である。

(5) 社会生活上のルールや基本的な道徳規範をよく理解させることである。ただしそれは、たんにルールや道徳規範を遵守することではなく、「人間としてよりよく生きていくための道徳性を育成する」ことである。中学生はしばしば、心身の発達に伴い、それまで受け入れてきたルールや規範に疑問を抱いたり反発したりする。それは一見すると、「問題行動」であるかのように見えるが、その行動の背景にある生徒の心の状態を把握するとき、大人や教師が気づいていない、ルールや規範の問題が見えてくることがある。それは、よりよいルールや規範を創出する契機でもある。

(6) 言葉掛けや説論によるだけでなく、学校や学級の環境を充実・整備することによって、児童生徒に働きかけることである。児童生徒の道徳性の育成において、日々生活する学校や学級の「環境が与える影響は極めて大きい」からである。学校・教室環境を居心地よくし、快適に過ごせるようにすることは、児童生徒のふだんの言動をより肯定的にする重要な契機である。しかしそれはあくまで補完的な働きかけである。ニューヨークの「ゼロ・トレランス政策」を模倣したような過剰な環境管理は、逆に児童生徒に息苦しさを覚えさせたり、ぎすぎすした人間関係を生み出したりす

る（『教育臨床学』pp.172-174）。重要なことは「学校や学級内における望ましい人間関係や言語環境を整える」こと、すなわち学校・学級を児童生徒の居場所にすることである。それは、これから示すように、無条件の気遣いを求める良心の声をだれもが聴き、それに従うことである。

第3節　道徳性とより善く生きる力

1　道徳性とは何か

さきほど確認したように、『学習指導要領解説』は、道徳性を「道徳的な心情、判断力、実践意欲と態度など」の内面性と規定しているが、その本質的内容は、生命への畏敬という根源的な心情である。「道徳性とは、人間としての本来的な在り方やよりよい生き方を目指してなされる道徳的行為を可能にする人格的特性であり、人格の基盤をなすものである。それはまた、人間らしいよさであり、道徳的諸価値が一人一人の内面において統合されたものといえる」。それは、いいかえれば、「すべての生命のつながりを自覚し、すべての人間や生命あるものを尊重し、大切にしようとする心」である（『中学校学習指導要領解説 道徳編』p. 16）。

確認すべきことは、この生命への畏敬という道徳性の基礎が、なぜ「人間としての本来的な在り方やよりよい生き方」につながるのかである。まず、「すべての生命のつながりを自覚し、すべての人間や生命あるものを尊重」することは、一つの命が他のすべての命、つまるところ自然に支えられて存在しているという考え方、いわば「生命の全体論（ホーリズム）」という考え方である。そして、この生命の全体論においては、よりよい・本来的な生は、この生命の全体性を成り立たせている、無条件に他者を助け、また他者に助けられるという、気遣いに満ちた生き方にほかならないのである。つまり、生命の全体論における道徳性とは、人が、無条件の気遣いを求める、自分の内なる声に応えることであり、人に「よりよく生き

よ」と呼びかける「良心」の声とは、この無条件の気遣いを人に求める、人の意識が及ばない内奥から湧き上がってくる声である。真の道徳性は、この良心の声に裏打ちされていなければならない。

2　良心の声と道徳性

人類は、有史以来、この良心の声に促されつつ、道徳規範を含むさまざまな規範を創り上げてきたが、そうした規範は、往々にして、この「よりよく生きよ」という良心の声からずれていった。ベルクソン（Bergson, Henri L. 1859-1941）が述べているように、規範を構成する言葉が、良心の声とは異なるからである。たとえば「ウソをついてはいけない」という規範の言葉はさまざまな解釈・行為を生み出すが、良心の声は今ここで・この人にすべきこと、すなわちただ一つのなすべきことを人に伝えるからである。また、道徳規範の言葉が、良心の声を伴わないまま、人を道徳的行為に向かわせることがあるからである。このとき、道徳規範は形骸化し、人の言動を統制する手段におちてしまう（『道徳と宗教の二源泉』参照）。

人に「よりよく生きよ」と呼びかける良心の声は、本来的に人間に備わっているが、十全な形で備わっているものではない。その意味で、確かに「人間は、道徳性の萌芽をもって生まれてくる。[そして] 人間社会における様々な体験を通して学び、開花させ、固有のものを形成していく」（『中学校学習指導要領解説 道徳編』p. 17）。良心の声に裏打ちされた道徳性は、当人が日々の生活のさまざまな場面で、自分がしていることに矛盾を感じたり違和感を覚えたりするときに発現する。いいかえれば、慣習に従うままで矛盾や違和感を看過していると、しだいに道徳性は育たなくなる。

冒頭に挙げた、道徳規範の四つの領域、すなわち自己、他者、自然、社会は、道徳性の基礎に「よりよく生きよ」（「無条件に気遣え」）という良心の声を見いだすことで、たんなる道徳規範の分類カテゴリーではなく、道徳性を育成するエレメント（基礎的契機）であることがわかるだろう。

3 他者とのかかわり方を自分に問いかける

　道徳性を支えている良心の声が発現する端緒は、自己への問い、すなわち自分自身への倫理的な問いかけである。すなわち「今、自分は、ただ言われたとおり、決められたとおりにやっているが、それは本当に正しいことだろうか」と、自分に問いかけることである。それは、いいかえれば、「外に表れている自分」と「内に息づいている自分」とが、すなわちルールや規範や命令にただ従っている自分と、「よりよく生きよ」と呼びかける声が、対話し始めることである。この自己対話が、人がよりよく生きるための基本であり、人が真に自律的主体であるための基礎である。

　この自己対話は、「内に息づいている自分」が、外に表れている自分と他者との関係を疑問に思い、もっとよりよい関係にできないか、と考えることである。たとえば、他者の気持ちを十分に考えずに、自己を主張すればするほど、人は孤立し、耐えがたい不安に陥るが、他者の気持ちを考えながら自己を主張するとき、他者に支えられ、思いがけない喜びを感じる。すなわち、自分が他者とのかかわり合いに支えられていることを自覚する。その意味で、「他の人との心の交流を深め、人間愛の精神に支えられることによって、人間は力強く生きることができる」と言えよう（『小学校学習指導要領解説』pp.14-15）。

4 自然と美・崇高が良心の声を喚起する

　道徳性を支える良心の声を喚起するものは、自然（大地・海洋）という、人・社会を超える存在である。人は、自然と日々ふれ合うことによって、「自然は人に大いなる恵みを贈り、人はその恵みを感謝とともに享受する」という、自然観を抱くようになる。それは、たとえば、東日本大震災のような被害に遭ってなお海の脅威を受け入れ、海を恨むことなく海とともに生きようとするときに、人が前提としている自然観である。この「享受の自然観」は、命あるものすべてに対する畏敬の念を生み出してゆく。すなわち、命あるものすべてをかけがえのないものと感じるようになり、

人に対する無条件の気遣いを生み出してゆく。命はすべて、自然からの大いなる恵みによって生存しているからである。そうした自然・生命に対する畏敬の念、そして人に対する無条件の気遣いに基礎づけられている心が「豊かな心」である。

　道徳性を支える良心の声はまた、美しいものや崇高なものによっても喚起される。人は、自分を魅了しひきつけて離さない、自分を超えた何かを「美しい」と感じ、また「崇高」と感じる。それは、この世界の真理を体現しているかのように思える絵画や彫像でもあれば、「アガペー」（無条件の愛）を説いたイエス・キリストのような、人間の真理を体現しているように思える過去の偉人でもある。人は、そうした美しいものや崇高なものに出会うことによって、自分のなかにある、美しいもの・崇高なもの、とりわけ道徳性の本質へ向かう力を確認し、人間としてのよりよい在り方や生き方をあらためて思い起こすことができる。

5　真に社会的な営みが良心の声を喚起する

　道徳性を支える良心の声は、社会によっても喚起される。なるほど、社会はさまざまな矛盾や悪弊や暴力を含んでいる。しかし、社会は本来、そうした悪しきものを社会から減らし、無条件に助け合い支え合う、よりよい人間関係を社会に広げようとする意思も含んでいる。そうした意思に裏打ちされた真に社会的な営みは、人格としての個人と個人が、価値観や思想信条の相違にかかわらず、相手を尊重しつつ、共同の目的を達成するために協力し合うことである。司法や立法をはじめとするさまざまな営みは、そうしたよりよい人間関係を広げるための方途であり、そうした方途に、私たちの生活は支えられている。したがって、真に社会的な活動に参加することは、私たちに内在する良心の声を呼び覚ますことにつながる。

　たとえば、「総合的な学習の時間」でのグループや、児童会・クラブなどの異年齢集団において、また遊び仲間・少年団体などの身近な集団において、子どもたちが自分の立場や全体の動きを自覚できる活動に参加することは、そうした集団が十分に社会的であるかぎり、そうした集団におけ

る自分の役割と責任を果たすことで、成員相互のかかわりの大切さや、協力して目標を達成することの良さに気づくことができる。とりわけ「自ら課題を見付け、自ら学び、自ら考え、主体的に判断し、よりよく問題を解決する」「探究的な学習」が重視されている「総合的な学習の時間」においては、縛りが少ないだけに、その活動の成否が成員の道徳性に、いいかえれば、どのくらい無条件の気遣いが示されるかにかかってくるだろう。

おわりに

これまで述べてきたことを確認しよう。

1. 学習指導要領に定められている「道徳」の内容は、道徳規範である。
2. 学校における道徳教育が道徳の時間を要として学校の教育活動全体を通じて行われるということは、突き詰めて言えば、道徳教育が教師一人ひとりのふだんの教育活動によって行われるということである。
3. その教師の教育活動自体は、教師自身の道徳性の発現でなければならない。
4. この道徳性は、生命の全体性に由来する良心の声（無条件の気遣い）に裏打ちされていなければならない。
5. 道徳規範の四つの領域、すなわち自己との、他者との、自然との、社会とのかかわり方は、この良心の声に裏打ちされた道徳性を核に据えて考えることで、道徳性を育成するエレメントとして理解される。

最後にふれておくなら、学習指導要領の道徳性は、その思想的淵源を明示していないが、古くから語られてきたことである。なるほど「道徳性」という言葉は、カント（Kant, Immanuel　1724-1804）の言う「道徳性」（Moralität）を思い出させるが、それとは区別される。カントの言う道徳性が、眼前の人に対する絶対命令である良心の声に裏打ちされたものではなく、境遇・趣向・利益などに左右されない公正な絶対命令である「理性」（Vernunft）に従うものだからである。学習指導要領の道徳性の本質である無条件の気遣いに近い概念は、遡って言えば、先にふれたイエスの「アガペー」である。それは、道徳規範を超えて、人の心が人に語りかける良心の声であり、

息苦しい秩序を超えて、よりよい秩序へと人を誘う力である。道徳規範の陰に隠れがちであるこうした道徳性の本質は、道徳規範を真に生かす力であり、道徳教育の根幹である。

【文献一覧】

アリストテレス（高田三郎訳）『ニコマコス倫理学』〔上・下巻〕岩波書店、1971年

田中智志『教育臨床学：〈生きる〉を学ぶ』高陵社書店、2012年

ベルクソン（森口美都男訳）『道徳と宗教の二源泉』〔Ⅰ・Ⅱ〕中央公論新社、2003年

松下良平『道徳教育はホントに道徳的か？：「生きづらさ」の背景を探る』日本図書センター、2011年

文部科学省『小学校学習指導要領解説 道徳編』東洋館出版社、2008年

文部科学省『中学校学習指導要領解説 道徳編』日本文教出版、2008年

第13章

道徳教育と市民教育

生澤繁樹

はじめに

　国家や社会の基盤が大きく揺らぎ変容しつつある中で、今日、社会や政治に参加するシティズンシップ（市民性）の育成が求められ、道徳教育を市民教育へと接続・拡張しようとする動きが見られる。そのような状況の中で、道徳教育の考え方はいったいどのような転換を迫られ、どのような課題が生じるだろうか。学校で道徳を教育することの意味、また広い意味での社会における道徳教育の役割とは何かということにも目を向けながら、ここでは道徳と市民とをつなぐ思考の意義と課題について考察しよう。

第1節　「道徳」と「市民」のすれちがい

1　より善く生きることと市民であること

　道徳的により善く生きることと国家や社会を形成する市民であるということは、ともに重なり合うようでいてどこか微妙にすれちがっている。ここで市民というのは、さしあたり国家や社会の一員であるという意味でとらえておく。しかしこれから見ていくように、市民であるということは、単に国家や社会の規範に従順であるということではない。ときにそれらを批判的な態度やまなざしをもって吟味したり、その形成に自ら能動的に参加したりしていくような活動的な市民が今日求められている。

　よく参照されるように、小中学校では、「教育は、人格の完成を目指し、平和で民主的な国家及び社会の形成者として必要な資質を備えた心身ともに健康な国民の育成を期して行わなければならない」という教育基本法第1条の条文が掲げられ、「道徳教育はこの人格の形成の基本にかかわる」ということが述べられている（『中学校学習指導要領解説 道徳編』p.15）。道徳教育の目標は、もちろん個人としての人格形成だけではない。公共の精神を尊重したり、デモクラシーに基づく社会や国家の発展に努めたり、社会や

国家を主体的に形成していくような社会的存在としての人間の育成などが意義あるものとして説かれ、社会においても道徳的により善く生きることがともに考慮されている。同じく解説をひもとけば、そこでは国民主権、基本的人権の尊重、自由、平等などの実現によって達成されるデモクラシーの精神が一人ひとりの「道徳的な生き方」や「道徳的自覚」によって達成されるものと理解されている（同上書、p.27）。けれども重要な問題は、道徳的により善く生きようとすることが、そのまま民主的な国家や社会を発展させたり、その主体的な形成者としての市民を育てたりすることとぴったり符合するわけではないということである。

2 政治に参加しない「市民」？

たとえば、コミュニタリアニズムの論客として知られる哲学者のマッキンタイア（MacIntyre, Alasdair 1929-）が言うように、私たちは、家族、近隣、市民、職業団体、共同社会などの一員として、多かれ少なかれ何かしらの社会的役割を担っている。したがって、自らにとっての善いことは、ある程度こうした社会的役割を離れて求めることはできないものと考えられる（『美徳なき時代』p.270）。

こうした説明を敷衍して、さらに人間がなんらかの国や社会の一員として生きていることを考えるならば、直接・間接のいずれを問わず、自らの生まれ育った国家や社会の政治に関与することは、より善く生きることと反するどころか、むしろ不可欠なことのようにも思われる。国や社会が異なると、義務投票制のように、選挙に参加しなければ選挙資格が停止されたり、罰金や禁固が科されたりする場合も（ごく少数とはいえ）あるだろう。だがさしあたり、自由選挙の制度下にある多くの国や社会の中では、政治に参加しなくとも、より善く生きることを人から強制されたり、市民であることを剥奪されたりするわけではない。政治にいくらか（あるいはかなり）無関心であっても（公民的資質や市民としての美徳が備わっているかどうかはともかく）確かに権利上「市民」であることは可能である。

3 「市民」はより善く生きるべきか？

　ところがこれとは反対に、より善く生きるために市民でいられなくなるという場合も思いつく。なぜなら、たとえばソクラテス（Sokrates，　B. C.469頃-B.C. 399）や、時代はかなり下るが、ナチス・ドイツによって国家反逆の罪に問われたショル（Scholl, Sophie　1921-1943）の物語などに見られるように、より善く生きることを貫くために祖国や郷土を追われることになったり、市民であることを剝奪され、または処刑されたりするという事例も考えられるからである。

　古代ギリシアの哲学者プラトン（Platon，　B.C.427-B.C.347）は、ソクラテスの言葉を借りて「ひとは不正を受けることよりも、むしろ不正を行なうことのほうを警戒しなければならない」という警句を込めたことで知られているが、アテナイ市民の無知や怒りから死刑を不当に宣告されたソクラテスは、亡命や脱獄によって裁きから不正に逃げ出すよりも、そうした市民の決定を自ら引き受け、より善く生きることを選択した。『ゴルギアス』という対話篇の中で、プラトンはさらに、登場人物であるソクラテスの言葉を通じてこう語る。それによれば、「市民の一員として政治の仕事にたずさわるのには、どういう仕方でこれをなすべきであると君は考えているのか…君が国家の政治の仕事にたずさわることになった場合、われわれ市民ができるだけすぐれたものになるようにということ以外に、何か気をくばることがあるのだろうか」（『ゴルギアス』p.242）。

　もっとも現代とは異なって、ギリシア時代の市民といえば奴隷や財産を有したごく一部の成人男子だけであったし、プラトンはなにより、大衆や民衆の政治参加ではなく知識と徳を兼ね備えた哲人こそが政治に携わるべきだと考えた。とはいえ、いずれにしても「道徳」と「市民」は、ともにつながるようでつながりにくい、さまざまな課題を抱えた主題であるということを、ここでは思考の前提としておこう。いったい道徳教育は、その中でより善く生きることと市民であるということを、どのようにつなぐことができるだろうか。

第2節 「道徳」と「市民」をつなぐ思考の問題点

1 国家や社会による「道徳」の利用

　近代の国家や社会の歴史をつぶさに観察するならば、市民は道徳的により善く生きることをしばしば積極的に求められ推奨されてきたと言ってよい。ただし、そこで求められ望まれてきたものは、国家の政治に携わる市民の美徳やある種の卓越した資質・態度というよりも、国民や臣民としての道徳的な生き方や自覚であったと考えられる。なぜなら近代における国家や社会は、「市民」をまさに従順な「国民」や「臣民」とみなし、「より善く」をまさに権威や権力や既存の政治体制の絶対的な「正しさ」と読み替えて、自らを政治的に維持し存続させるために「道徳」を巧みに利用してきた歴史もあるからだ。

　なかでも日本においては、「忠君愛国」や「滅私奉公」さながら、国家が自らに忠義を尽くす善良な臣民（「忠良ノ臣民」〈教育勅語〉）を形成し、学校や教育という手段を通して「道徳」を国体維持のために駆り立て動員したという、戦前の記憶がまずは思い起こされるだろう。そうしたことへの反省は、現代においてもなお、戦後に特設された「道徳の時間」それ自体に対する根強い批判を醸成していると言えるだろうし、公徳心、郷土愛、愛国心、日本人としての自覚といった、生き方や内面性を育む道徳授業に対する厳しいけん制の材料としても、繰り返し引き合いに出されることでもある。

2 国家や社会に対する「愛着」のもつ両義性

　確かに、こうした批判やけん制があるのは、いわば「より善き市民」として「市民」と「道徳」を結びつける、ある種の国家や社会への愛着が、ひとえに両義的な意味を含んでいるからにほかならない。興味深いことに、「人間は、政治的権威に服従したり、道徳的規律を尊重したり、身を捧げ

たり、己を犠牲にしたりする傾向を、自発的には持ち合わせていない」（『道徳教育論』p.28）と社会学者のデュルケム（Durkheim, Émile　1858-1917）は論じている。デュルケムによれば、家族や政治組織や人類を含めて社会における道徳は、さまざまな集団に対する愛着という要素を併せ持つ。「道徳は生ける作品であって、死せる作品ではない。要するに、一個の生物体が自己の生命を維持するのに必要な神経組織をもつように、各々の社会は自己が必要とする道徳を有している。…道徳は、その社会の構造を忠実に反映するのである」（同上書、p.165）。

　したがって、多くの場合は学校や教育を介してであろうが、こうした愛着を育むことは、社会を単に組織や集団や体制として維持するために必要であるにとどまらず、人々を道徳的に社会化し、個人と社会との間に幸福な調和をもたらしてくれるかもしれないという点で重要であったと言えなくない。デュルケムが論じるように「社会はある場合には、妬み深く畏るべき神であり、命令の違反を許さぬ立法者であるが、また他の場合には、信ずる者が喜んで身を捧げる救いの神となる」（同上書、p.173）。だが、そうした愛着を育むことそれ自体は、良くも悪くも両義的な意味を持つことを、ここではあらためて考え直しておいてもよいだろう。

3　主体化／臣民化〜「曲がった木」に「道徳」をあてがう〜

　恐らくそのような見方に立つならば、国家や社会への愛着に基づき、政治的な権威を自発的に受容したり、道徳的な規律を忠実に身につけたりする人々の内面における主体性の獲得を、政治上の社会化と見立てることは、逆に危険や恐怖の兆しですらあるとも考えられる。それはちょうど、哲学者のフーコー（Foucault, Michel　1926-1984）が『監獄の誕生』の中の図版として収めていたことでも知られる「曲がった木（crooked tree）」の挿絵をどこか彷彿とさせるにちがいない（次頁図参照）。

　国家や社会を形成する「主体」を表す"subject"は、フーコーの『監獄の誕生』に触れてよく言及されるように、文字どおり「臣民」であることや「服従させる」ことをともに意味する言葉である。まるで幹の曲がった

若い樹木が添え木に巻きつけられ自ら矯正され
ていくかのように、国家や社会によってあてが
われ規格化された「道徳」を積極的に内面化し、
「権力」や「規範」におのずから従順になってい
くことは、国家や社会に愛着を抱く「より善き
市民」として人々を「主体化」するという側面
も含むが、実のところは「臣民化・服従化」す
る働きと背中合わせの関係にある（『監獄の誕
生』）。

図●曲がった木

出典：Nicolas Andry de
Bois-regard, *Orthopédie, ou
l'Art de prévenir et de corriger
dans les enfants les difformités
du corps, Vol. 1*(1741), p.282.

　哲学者のカント（Kant, Immanuel　1724-1804）は、
これとはいくらか文脈は異なるが、同じく「曲
がった木」に人間をたとえて、「この曲木から真
直ぐな木材を切り出そうとしても、それはでき
ない相談である」（『啓蒙とは何か』p.34）と述べ
ていた。しかし考えてみなければならないこと
は、この「曲がった木」である人間に「道徳」
をあてがい「より善き市民」として真っすぐに
なるよう教育を施し、国家や社会の絶対的な「正しさ」を自発的に内面化
させることが、はたして「道徳」と「市民」とをつなぐことになるのだろ
うかということである。

第3節　シティズンシップから「道徳」と「市民」を考え直す

1　シティズンシップを育む必要性

　けれども、このように「道徳」と「市民」とをつなぐ思考の問題点を確
認したからといって、これら二つを結び合わせようとする試みが、直ちに
非難され忌避されるべき事柄であるということではない。それというのも、
デモクラシーを基礎とする国家や社会においては、自らをより自由で自律

的なものとして持続させ発展させていくために、むしろある種の道徳的な生き方が市民であることを育成するものとして求められ、それを市民教育へと接続・拡張しようする動きも、いっそう見受けられるからである。

　ただし、ここでいう市民であることは、「ナショナリティ（国民性）」というよりも（現実的にはいくらかそれを含むにせよ）、「シティズンシップ（市民性）」という言葉によってより代表されるものである（『シティズンシップの教育思想』）。考えるべきシティズンシップは、国家や社会が用意する政治的な権威や道徳的な規律に、進んで組み込まれていくような「臣民」や「国民」としての生き方、受け身の態度とは異なるものだ。よりよく言えば、シティズンシップは、批判的な思考を通してそうした権威や規律を創造的に組み換えたり、そのために政治や社会のより公共的な事柄に関心を持ってかかわったり行動したりすることのできる能動的な「市民」のあり方にほかならない。こうしたシティズンシップを育む市民教育の必要性という視点から、「道徳」と「市民」とのつながりを考え直すことはできないだろうか。

2　シティズンシップが求められる背景

　シティズンシップを育むものとしての市民教育が、現代において求められるのはなぜなのか。たとえば、政治や社会に参加しなくとも、本当に「市民」であるというのは可能だろうかと反問してみるとよい。自らの生まれ育った国家や社会を維持するために、愛着を抱くよう市民に教え込んだり強要したりするというのは、たとえ支持できないにしても、恐らく市民の政治に対する基本的な関心や参加が全くなければ、民主的な国家や社会は人々が自ら治めるものとして、そもそも成り立たないはずである。

　道徳的な義務や責任の面から見れば、このこと自体は個人としても社会としても、道徳的な生き方や自覚にかかわる重要な問題だという見方もできる。たとえば、市民的共和主義（civic republicanism）のような政治思想の理念に見られるように、歴史的には政治や社会のより公共的な事柄に、参加しかかわっていくことこそが、人々の道徳的な資質や美徳を形成するこ

とになるという理解もあった。しかし日本の文脈に視点を向けて、より現実的な面からとらえてみると、別の事情が見えてくる。むしろ現代においては、権利を持った市民として誰をも力強く抱え込もうとしてきた、かつての国家の包摂性が衰えを見せ、少子高齢化、国際化、グローバル化など、これまで市民であることを保証し続けてきた基盤や境界の設定が大きく揺らぎ変容していることが新たな課題として挙げられる。民主的な国家や社会の「持続可能性」という視点から見れば、雇用や産業や環境の問題など、政治や社会の関心事に参与しなくても、人々が「市民」でいられるという余地は小さくなりつつあると考えてよい。

3 「善良な市民」から「積極的な市民」へ

そうした揺らぎや変容の中では、さまざまな社会問題の解決策の妥当性、あるいは政治的判断の正統性といったどのような問題を事例にとっても、国家や社会が政治的な権力と社会的な規範の力を振るって、自ら絶対的な「正しさ」を明示するのは難しく、それを人々に押しつけたり教え込んだりする図式自体もますます困難となる（『道徳教育はホントに道徳的か？』pp.121-125）。そこでは、あてがわれた「道徳」にひたすら忠実な主体を形成するというシナリオよりも、一人ひとりが自らの問題として国家や社会の意思決定の手続きに参加したり、ときには厳しい批判を投げかけたりしながら、個人としても社会としてもより善い生き方を模索し、国家や社会を構成する自律的なつくり手となっていくような、シティズンシップを育むことが期待されていると言える。イギリスにおいてシティズンシップの教育を推進させた政治学者クリック(Crick , Bernard　1929-2008) のよく知られた表現に倣って言えば、求められているのは単に「善良な市民（good citizen)」を形成することでなく、「積極的な市民（active citizen)」を創出することなのである（『デモクラシー』p.181)。

4 市民の「自由」と「自律」を問い直す

シティズンシップを育む市民教育を求める声は、イギリスなどの欧米諸

国をはじめ、特にグローバル化や価値と文化の多元化などの、国家の包摂性の揺らぎに直面した国々の課題と対応する、世界的な流れであるとも言ってよい。こうしたシティズンシップの必要性は、政治的な権威や道徳的規律による支配と服従に取って代わる市民の「自由」と「自律」の定義にも直接かかわることであろう。もちろん、自ら参加し関与すること以上に、国家や社会から距離をおいて、とにかく縛られないということ（他律のない状態）こそが「自由」の意義だと判断されることもある。だがそうした態度は、よく言われるように市民の「自由」や「自律」の意味を一面的にしかとらえていない。なぜなら、英語の中で“liberty”と“freedom”とがときおり区別されるように、「自由」の意味には、誰からも干渉や強制を受けない消極的な「〜からの自由（liberty from）」のみならず、自らが能動的に何事かを行使したり成し遂げたり活動したりする積極的な「〜への自由（freedom to）」という考え方もあるからである（『シティズンシップ教育論』p.220）。こうした区別を踏まえて言えば、市民一人ひとりの「自律」を意味する“autonomy”もまた、自ら自身の（*autós*）法（*nómos*）を持つことを語源とし、「自治（self-government）」という意味を含み持つ。いずれにしても、市民が自由や自律を行使するという意味で社会的な行動に欠け、私的な個人の生活に閉じ籠もり、政治に無関心な状態であるならば、こうした市民の「自由」や「自律」の意味はすぐに切り詰められ、人々の縛られないという自由や自律の価値でさえも長続きする保証はない。現代においてはこうした「自由」や「自律」の中身が、あらためて問われ始めているのである。

第4節　「道徳教育」の理解を組み換えるために

1　道徳的な生き方や態度としてのシティズンシップ？

　以上のようなシティズンシップを育むことは、恐らく実質的には、自由

や自律に対する道徳的な義務や責任、政治や社会へと参加していく社会的な奉仕や公共の精神など、人々に（それ自体が生活にいくらか価値のあるものとして）ある種の道徳的な生き方や態度をとることを迫ることにもなるだろう。なにより、地域社会の解体や社会の規範意識の低下、公徳心や社会連帯の弱まりなどを（ときには紋切り型に）問題視するような道徳教育論の文脈においては、むしろそうした価値や価値ある態度を伝えることが声を上げて強く推奨されるにちがいない。

　さらに、今日のデモクラシーにおいては、一部の代表的な人々が選挙や投票といった制度を通じて政治にかかわる代議制だけでなく、市民が政治的会話へと参加したり、自由に討議に加わったりするような非制度的でノンフォーマルなデモクラシーのあり方がいっそう必要とされている。政治学者のバーバー（Barber, Benjamin R. 1939-）が言うように、そうした参加や討議には、人々の協力や声の共有はもとより、公共で交わされる声を批判的に省察したり、多様な声に対して耳を傾け、その差異を承認したり、あるいはその声を修正したり発展させたりすることに対して常に機会を開き、互いに学び合ったり共感し合ったりするような「市民的礼節（civility）」が、一つの市民としての生き方や態度として道徳的に不可欠な役割を果たすこともあるだろう（『〈私たち〉の場所』pp.166-176）。

2　「道徳教育」の理解や考え方を転換させる

　とはいえ、市民であることを育成するために望まれているものは、道徳的な生き方や態度を市民の心持ちとして伝えたり、内面的に自覚させたりするだけではないということも、ここでは考えておくべきである。たとえば先に触れた政治学者のクリックは、シティズンシップを育むためには、人格教育や道徳教育といった善良なふるまいと価値にかかわる教育はあくまで必要条件にすぎず、むしろ知識や態度や技能において政治的リテラシーを身につけることこそが、さらに重要な条件として求められなければならないと主張する。「望ましいシティズンシップ教育は、『価値を教える』だけでは不十分である。十分だと主張する人はたいてい、前提条件を

派生的なものと混同し、必要条件を十分条件と混同しているのである。価値だけでなく、知識と技能も必要である。知識や技能は、教えなくても価値から自動的に得られる、というものではない」(『シティズンシップ教育論』p.183)。

　このような形で市民教育をとらえることは、むろん道徳教育を不要にするわけではない。そうではなく、従来の道徳教育が、教説や訓戒、理由づけの弱い情緒や共感の学習を通して、人格、性格、精神、態度の訓練に強い光を当ててきたとするならば、「道徳」と「市民」とを再びつなぎ合わせる教育は、学校や社会における心と精神に照準を定めた道徳教育の理解や考え方を組み換え、転換させることを、いっそう求めることになるということなのである。具体的には、たとえば学習指導要領にも明記されているように、社会、国語、理科に代表される各教科や総合的な学習の時間における学びなどとの関連の中で、道徳教育がどのように意味づけられるかということが、あらためて課題となるだろう。

　情報の獲得や分析、問題解決、それに伴う理解力の形成など、各教科や学校生活の活動場面において培われる学びとの連続性を回復させるどころか、道徳教育の名の下に政治的リテラシーを軽視する考えは、人々の「積極的な市民」としてのシティズンシップを育成することにはつながらない。むしろそのような軽視は、人々の政治的無知や不作為を放置することにもなる。現代の社会学者バウマン(Bauman, Zygmunt　1925-)が、市民の政治参加への乗り気のなさや無気力とともに非難の矛先を向けていたように、「無知が続けば、意志は麻痺してしまう。…政治的な無知は、放置すればおのずと続いていく。無知と不作為で編まれた縄は、民主主義の声を抑え、民主主義の手を縛るのに、いつも重宝するものである」(『リキッド・ライフ』p.216)。

3　「市民」の居場所〜自らの社会観を問い直す〜

　このように、シティズンシップという視点から道徳教育の意義と課題について見てくると、私たちはいったいそこでどのような「国家」や「社会」

を思い描き、どのような「市民」を育てていくのか、ということがあらためて問われているように思われる。よく触れられるとおり、「倫理（ethics）」や「道徳（moral）」の言葉の基ともなった「エートス（êthos）」は、その土地に根づいた社会や集団の倫理的・道徳的な規範や慣習、その土地に生きる個人の人格や性格という意味を含むと説明される。道徳教育の価値項目を見渡せば、そこでは自分自身、友人、家族、学校、職場、郷土、国家、世界、地球・自然と、私たちが社会的な存在として生きる土地、大切な居場所や空間が、あたかも調和可能な同心円のように想定されていることがうかがえる。しかし、家庭から「市民」としての役割をとらえること、地域や郷土の一員として「市民」を考えること、国家に生きる「市民」や、世界を視野に含めたコスモポリタンとしての「市民」の生き方を理解することは、ときにそれぞれの社会的役割の中で、互いに葛藤や矛盾をきたすかもしれないし、考えるべき議論の水準も違うだろう。

　政治学者のバーバーに倣って、官僚政府が公共性を独占してきた国家でもなく、ショッピングモールやテーマパークのような消費市場のスペースでもなく、まさに市民社会がなくては本当の意味での「市民」の居場所は存在しないと論じることも可能である（『〈私たち〉の場所』p.66）。だが市民社会の不在や未成熟が問題となるような場所では、私たちは同様に「市民」を考えるための社会が、どのようなものかということも問い直しておく必要がある。より善く生きることと市民であることを結ぶ思考は、その中で教える側や学ぶ側の自らの社会観が、あらためて問い直されるということでもある。既成の国家や社会の一員となるにふさわしい「道徳」を、意図的に教え込むインドクトリネーションは問題である。とはいえ、描かれるべき社会へのまなざしが無自覚に、そして無意図的に伝達され学ばれていくという光景も、一見穏やかではあるが、それ以上に厳しく再考されなければならないのである。

【文献一覧】

カント, I.（篠田英雄訳）『啓蒙とは何か：他四篇〔改訳〕』岩波書店、1974年

クリック, B.（添谷育志・金田耕一訳）『デモクラシー』（1冊でわかる）岩波書店、2004年

クリック, B.（関口正司監訳）『シティズンシップ教育論：政治哲学と市民』（サピエンティア）法政大学出版局、2011年

小玉重夫『シティズンシップの教育思想』白澤社、2003年

デュルケム, É.（麻生誠・山村健訳）『道徳教育論』講談社、2010年

バウマン, Z.（長谷川啓介訳）『リキッド・ライフ：現代における生の諸相』大月書店、2008年

バーバー, B.（山口晃訳）『〈私たち〉の場所：消費社会から市民社会をとりもどす』慶應義塾大学出版会、2007年

フーコー, M.（田村俶訳）『監獄の誕生：監視と処罰』新潮社、1977年

プラトン（加来彰俊訳）『ゴルギアス〔第44刷改版〕』岩波書店、1967年

マッキンタイア, A.（篠﨑榮訳）『美徳なき時代』みすず書房、1993年

松下良平『道徳教育はホントに道徳的か？：「生きづらさ」の背景を探る』（どう考える？ニッポンの教育問題）日本図書センター、2011年

文部科学省『中学校学習指導要領解説 道徳編』日本文教出版、2008年

終章

これからの道徳教育を構想する

松下良平

はじめに

　今日、学校の道徳教育は大きな転換期にあると言ってよい。その一つの
きっかけは、政府が道徳の教科化を提言したことにある。安倍首相の私的
諮問機関である教育再生実行会議は2013（平成25）年2月に「いじめの問
題等への対応について（第一次提言）」を公表し、「道徳を新たな枠組みに
よって教科化し、人間性に深く迫る教育を行う」ことを提言した。その背
後には、「戦後レジームからの脱却」を目指す安倍首相の政治的意図が潜
んでいる。修身科を他の教科以上に重視した戦前に対して、修身教育の忌
まわしい記憶を断ち切るべく道徳教育を嫌悪し軽視した戦後。この戦後的
価値観・教育観を反転させたいとする意図である。

　そのため、戦前の社会や修身教育が問題を抱えていたことや、戦後の社
会や教育には継承すべき肯定的遺産があることを否定しないかぎりは、道
徳の教科化に警戒するのは当然だと言える。事実、多くの新聞（全国紙・
地方紙）の社説が道徳教科化への疑問や異議を表明してきた。

　一方、国民はどう考えているのか。たとえば2013（平成25）年3月末に
読売新聞社が実施した「『教育』世論調査」では、道徳の教科化に賛成す
る人は84％であるのに対し、反対する人は10％だけだった（読売新聞2013
年4月18日朝刊）。だとすれば道徳教科化の動向は、道徳教育の充実に期待
する国民の声に支えられていると言うこともできる。国家や社会が大きく
変化し、もはや「戦後」にリアリティを感じない世代が増えて人々の意識
が変容し、道徳教育の必要性が戦前とは異なる形で実感されるようになっ
てきたと考えられるのだ。ここで目を向けるのは、このような変化がもた
らす道徳教育の転換である。

　国家や社会の変化のうち何を重視し、それにどのように対応しようとす
るかによって、道徳教育のあり方は大きく異なってくる。これからの時代
や社会の道徳教育をどのように構想すればいいのか。この終章では、二つ
の異なる可能性について考えてみたい。

第1節 規範教育としての道徳教育

1 グローバル競争と経済成長

　今日の国家は、グローバル化が進み新興国が次々と生まれてくる中で、市場、マネー、資源、人材（労働力）、技術・知識・情報等をめぐってますます激しい国家間の競争に巻き込まれている。そのとき国家に与えられた選択肢の一つは、国家の経済的富の増大を目指してきたこれまでの路線を一段と強化することである。規制緩和により市場での競争を促し、組織の無駄を省き、新産業を興しつつ産業構造の転換を促すこと。あるいは「選択と集中」方式によって、投入する資本の効率を高めること。そしてこのような改革を異論や反対をものともせず冷徹にスピーディに進めること。これらがそこでは求められる。

　だが、国家間のグローバル競争を勝ち抜いていくために、ギアを上げてアクセルを強く踏み込むとき、負の副作用やゆがみもさまざまに生じてくる。非正規雇用の拡大や不採算部門の切り捨てなどにより雇用が不安定化して貧困層が増え、人材市場を勝ち抜ける人とそうではない人の間の格差が広がるだけではない。企業が「成長か、さもなくば死か」という強迫観念に取りつかれて従業員の精神と身体を酷使する傾向が強まるとともに、国家もそのような「ブラック企業」と似たような経営方式をとるようになる。すなわち政府の仕事の"無駄"を省き効率を高めるために、国民に「自立」や「自助」を求めるようになり、社会保障の役割を縮小させていく。

　そのとき学校教育も同様の方向での変化を余儀なくされていく。この過酷な「社会を生き抜く力」（第2期教育振興基本計画）を効率よく獲得させようとして、教育の目的が学力形成やグローバル人材の養成に切り詰められ、短期的な成果ばかりが求められ、「人格の完成」（教育基本法）や人としての成長にはほとんど目が向けられなくなる。

　その結果、人々は多かれ少なかれ暴力の芽を心の内に宿すようになる。

貧困や格差の拡大、社会保障のセーフティネットの縮減などによって苦境に追いやられた人々が、社会から取り残され見捨てられた感覚や孤立感・絶望感を強め、自らが生きて存在することへの不信を抱くとき、その人の内部ではしばしば他者や自己への暴力的衝動が高まっていくからだ。そこまで至らなくても、このような社会では一般に、他者への信頼はいうまでもなく自己への信頼をも築くのが困難になり、また将来への不安が高まるばかりで、生きる希望がなかなか見いだせない。

さらに、自己への不信を他者からの承認によって埋め合わせようとするとき、他者への依存（濃密な関係への希求）と他者への不信（関係からの離脱の希求）、それゆえ自己への不信と自己への執着が同居する矛盾は、心理面での病理的現象を複雑なものにしていく可能性がある。

この心理的矛盾もまた暴力に転じる可能性を秘めているが、いずれの暴力もはっきりした動機や目的を持たず、いつ・誰によって・どのような形でもたらされるか予見できないために、人々は不安を募らせていく。

2 「安全・安心」を目指した心や行動のコントロール

このような状況下で求められるのは、「規範意識」（学校教育法）を高め、ルール・決まりをきちんと守らせる教育としての道徳教育である。暴力への不安が高まる一方で、スピードと効率を重視しなければならない社会では、暴力だけでなく逸脱や混乱も防ぎ、秩序を確保して「安全・安心」を実現するために、規範教育が要請されるのである。

規範教育が求められる背景はそれだけではない。市場での競争が激しくなるほどに、偽装や粉飾などで顧客や投資家を欺いたり、コストを削減しすぎて品質の悪い商品が出回ったり、従業員に過酷な労働を押しつけたり、といった不正や弊害が生じやすくなる。そこで、市場のルールを事細かに設定し、それを厳格に守らせることによって市場の信頼を確保する必要が出てくる。そのため、一度でも不正をしたら即退場、といった厳罰も辞さずルールを守らせることが市場では求められるようになる。こうして、市場社会で生きる流儀を身につけさせるためにも、規範教育は要請されるの

である。

　規範教育で求められるのは、何よりも心のコントロールである。自らの「心の闇」を見つめ、暴力や逸脱の引き金になりかねない怒りや恨みや不満を抑え込むためのスキルを身につけさせることである。あるいは、暴力への衝動を和らげ、手なずけるために、自己肯定感を与えること、「いのち」の大切さを実感させること、「夢」を持たせること、人とつながっている感覚を与えること、感謝の気持ちや笑顔の大切さを教えること、なども試みられる。

　即効性が求められるときには、このような「心の教育」では飽き足らず、行動のコントロールが直接目指される。賞罰（褒める・叱る）の利用、楽しさやゲーム感覚や感動等がもたらす「ノリ」の利用、アーキテクチャ（一定の行動を誘発する環境）の構築、等である。それでも暴力的衝動を抑えるのが困難な場合には、「心の傷」や「発達障害」等の専門家による「治療」や「処遇」に委ねられることになる。

第2節　規範教育の道徳的欠陥

1　根本的な道徳的問題の無視・隠蔽

　凶悪犯罪を含めた少年犯罪は減ってきている（「警察白書」「犯罪白書」）。そのことを考えると、規範教育はある程度功を奏しているのかもしれない。しかし見方を換えると、そこには別の重大な道徳的欠陥がいくつも横たわっている。規範教育の考え方はすでに今日の日本社会・教育界に深く浸透しているだけに、その問題点をやや丁寧に見ていきたい。

　まず、規範教育は「暴力衝動をいかに抑えるか」に目を向けるが、それだけでは問題の表面的な取り繕いにしかならない。「暴力衝動がなぜ生じるのか」こそが本質的な問題だからである。序章で触れたマルクスやニーチェの視点を援用すれば、規範教育の問題点は次のように説明できる。

「心」を奥深くのぞき込んでいき、心の闇を慰め合ったり心の傷をなめ合ったりする内向きの発想は、自己否定であるばかりか、"その場しのぎ"でもある。人を困窮状態や見捨てられた状態に追い込んで孤立感や絶望感を植えつけていく社会の問題を解決すべく、一人の勇者あるいは連帯した集団として闘うことこそが、道徳的問題の根本的な解決につながるのであり、同時に自己を肯定することでもある。

　安全・安心を実現するためには、心や行動のコントロールによって暴力的衝動を抑え込むのではなく、人と人が相互信頼や結びつきを取り戻して、人々が余計な暴力的衝動を抱え込まない社会にしなければならない。そのためには何よりも、私的欲望の効率的充足を飽くことなく追求することをよしとする社会（経済・政治）、「富める者はますます富み、貧しき者はますます貧しくなる」市場の正義、そのような市場への依存を強めていく国家こそが問われなければならない。にもかかわらず規範教育は、そのような問題から目をそらすばかりか、時にその問題を積極的に覆い隠し、ひそかに温存する。熱が出たら解熱剤を与えるだけで病気の原因を放置したままだと、病はますます悪化しかねないのである。

2　道徳判断力が鍛えられない

　規範教育が心や行動のコントロールを求めるとき、「結果」を手っ取り早く得ようとするほどに、「形」や「見かけ」をそれらしく整えるだけになりやすい。すると当然、子どもたちの道徳判断力は養われなくなる。現実の道徳問題は固有の状況において特定の他者との間で生じる。それゆえ道徳判断は、個々の状況の特徴によって、あるいは誰を関係者とみなすかによって、多かれ少なかれ異なってくる。同じうそでも、人を欺くうそ、人を守るためのうそ、権力者から自立するためのうそ、人を楽しませるうそは異なるが、それらを区別するのが道徳判断なのである。

　ところが、心や行動のコントロールは状況や他者の固有性を考慮しない。いつでも・どこでも・相手が誰であっても同じように自分の感情や行動を一定の枠内に収めるよう努めるだけである。自分の考えを表に出すのでは

なく、自分の内から湧き上がる思いを抑えたり、人から望まれている「形」に自分の思いを合わせたりするだけなのである。そのため、自らを偽装する力は高まっても、道徳判断力は向上していかない。

　こうして道徳判断力が鍛えられないようだと、問題もなかなか解決には至らない。それどころか、自己コントロールに励むほどに自分自身の思いや感情を見失って他者との関係をこじらせたり、あるいはいつでも・どこでも同じスキルで問題に対処しようとして対人トラブルを引き起こしたりしがちになる。それは「心の病」をもたらし、不可解な暴力や逸脱を誘発して、皮肉にも人々の不安をあおることになりかねない。しかも判断力が備わっていないので、ふだんは「まじめ」でも、いったん自己コントロールが解除されると、予想もつかない暴走をしかねない。

3　無慈悲で狭量な〈道徳〉

　人が状況や他者を考慮することなく心や行動のコントロールに励むにつれて、他者の声に耳を傾けず、他者の置かれた状況に配慮しない〈道徳〉が出現するようになる。相手の事情を考慮しない機械的で杓子定規な対応をよしとするだけではない。その〈道徳〉に従うとき人は、少しの違反や逸脱でも直ちに「許されない」悪とみなして非難・攻撃し、相手がどれほどひどい責め苦を受けても「自業自得だ」と開き直るようになる。あるいは、困っている人に手を差し伸べることが〈道徳〉（市場のルールや安全・安心のための秩序）に抵触するようなら、そうした手助けをよしとしないどころか、ときには非難し罵倒しさえする。こうして規範教育は、狭量で排他的な〈道徳〉を培養し、繁殖させていく。

　近代国家の道徳よりもはるかに長い歴史を持つ共同体道徳は、相手の意図や事情を斟酌して懐深い対応をすることが少なくない。大局的な見地に立ち、善と悪あるいは表と裏が複雑に絡み合い、ときに逆説的な関係にあることを了解して、悪人や愚者に対して惻隠の情を抱き、あえて赦すなど慈悲深く度量の広い対応をすることがある。そのような道徳は、常識や良識として共同体内に蓄積されており、状況に応じた熟慮を求める共同体の

実践を通じて継承されてきた。

　ところが、分かりやすいが一本調子の〈道徳〉に従う人は、そのような柔軟な対応を甘くいいかげんで手ぬるいとみなす。共同体道徳から見れば無慈悲で非情な対応のほうを「道徳的」と考えるのである。そのため〈道徳〉は、その画一的あるいは情け容赦のない姿勢のせいで、相手の憤りや怒りを買い、トラブルを招いてしまうことも少なくない。

4　〈道徳〉が排除の暴力を正当化する

　規範教育は〈道徳〉によって人々の暴力的衝動を抑え込むはずであったが、皮肉なことに〈道徳〉は暴力的衝動の発露に正当性を与えてしまう。少しでも非があれば相手を責めてもよいことを〈道徳〉が正当化するとき、見方を換えて言えば、〈道徳〉に反するという口実さえあれば、暴力的な非難や攻撃が許されてしまうからだ。

　今日、インターネット上をはじめとして、罵倒・侮辱・中傷の類の応酬がいたるところで何はばかることなく繰り広げられている。グローバル競争社会の中で理解や受容を拒まれたり無用者扱いされたりして不満や怒りをため込み、はけ口を探している人が増えつつあるところに、〈道徳〉という格好の口実が与えられた結果として、そのような暴力的現象が広がっていると考えられるのである。しかも、「安全・安心」を追求するあまり、他者一般が不気味で危険な「敵」に見えてくるとき、その傾向はさらに強まる。少しでも非や弱みがあれば、それゆえ不用意に気を許して「素」の自分を見せてしまえば、いつ誰が非難や排除のターゲットになってもおかしくないのだ。

　さらに、社会が自己への不信や自己の生のよりどころ（使命感・生きがい・安心できる人間関係・自分を頼りにする人など）の剥奪をもたらすとき、少なからぬ人々は自らのアイデンティティ（自分が自分であること）の不安定さを、「強い」国家の輝かしい物語に自己を同一化することによって埋め合わそうとする。こうして〈道徳〉と愛国心の道徳が結びつくと、〈道徳〉に潜む排除の暴力は外国人に向けられるようになる。とりわけ国

家間のグローバル競争の中で敗北に追い込まれた人が強い国家を求めるとき、外国人や移民がスケープゴートにされ、あら探しのように外国人の「非」が掘り起こされ、ヘイトスピーチに見られるように外国人に対する排除の暴力が激しくなっていく。規範教育と拝外主義的な愛国心教育が結びつくとき、道徳教育はいわば道徳的確信に支えられた暴力を容認するようになるのだ。もちろん、このようなゆがんだ愛国心は、その排除の暴力の矛先を国民の中の"弱者"に転じることはあっても、国民への同胞愛を培うことはないし、「国益」もむしろ損なっていく。

　結局のところ〈道徳〉は、異質な声に耳を傾けず、「スピード感」を持って「毅然と・ぶれずに」（ときには独裁者のように）物事を進めることをよしとする社会の産物なのである。しかも〈道徳〉は、ルールが細かく厳密に定められ、機械的対応しかしないIT環境や、聞きたい声ばかりを選び出し、聞きたくない声を遮断するネット環境とも響き合っている。

　だとすると、規範教育を必要とする社会、すなわち異質な者を理解しようとせず、都合よく使えない者をやっかい者として排除しようとする社会こそが、いじめを醸成していると言ってよい。「困ったことをする者・場違いなことをする者は非難されて当然だ」「迷惑をかける者・反対ばかりする者はここから出ていってほしい」といった"空気"を醸成して、個々のいじめを背後から支えているということだ。道徳の教科化はいじめ問題への対応策としても位置づけられているが、道徳教育が規範教育に切り詰められるとき、道徳教育は皮肉にも、他者の排除を正当化する〈道徳〉を活性化させて、いじめを誘発する土壌にさらに養分を注ぎ込むことになろう。

第3節　市民教育としての道徳教育

1　公共の問題に対応するための道徳教育

　道徳教育は規範教育とは全く異なる形で構想することもできる。その道

徳教育が直視している課題は、〈激化するグローバル競争を、国家はいかに勝ち抜いていくか〉ではない。〈日本という国家がそのようなグローバル競争に巻き込まれつつも、大きな経済成長を望めず、少子高齢化が進み、国家財政も逼迫(ひっぱく)しているときに、国家および国民を取り巻く未知の難題にいかに立ち向かうか〉である。

　後者の課題に直面したとき、国家はもちろん中心的な役割を果たさなければならない。だが国家は、経済や政治のグローバル化が進む中ではしばしば主権を思うように発揮できない。また、国家財政の膨大な赤字と少子高齢化は、国家による十分な社会保障や社会政策を困難にする。そうであれば、国民が従来以上に「主役」になるほかない。つまり、ふだんは行政・立法・司法のプロにお任せし、選挙の時だけ（しばしば不満の表明という形で）権利を行使する借り物の主権者から脱して、当事者として自ら社会的問題にコミットしつつ、諸権利を行使するとともに一定の責任を引き受ける正真正銘の主権者になるしかないのである。

　そこでは国民は、主権者たりえなくても諸権利を持っている外国人居住者とともに、公共の問題の同じ当事者である「市民」として、よりよき社会に向けて問題解決を試みる。それぞれの市民は、自分自身の考えを持つという点で自立しつつも、よりよき解決を求めて互いに連帯し協働する。それらの市民は、国民として自分の国家のことを優先的に考慮するときはあるが、国家からある程度自立した地域の問題や、国家の枠組みを超えたグローバルな問題にも積極的に取り組む。国民への同胞愛と国民に限らない友人や隣人への友愛とをなんとかうまく調和させながら、重層的な市民の共同体の中で、互いの異質性を尊重したり、妥協を図ったりしながら、助け合ったり、打開策を練ったり、対応策を実行したりしていく。そしてそのことが国家や国民の威信も高めていく。

　そのような能力や態度を持った人間の育成を市民教育と呼べば、それこそがもう一つの道徳教育にほかならない。市民教育は、よりよき生の可能性を求めて所与の規範にとらわれることなく批判的に考え、新たなものを創り出し、結果として道徳判断力を向上させていくのである。

2　市民教育と規範教育の違い

　規範教育と市民教育のいずれとしてとらえるかによって、道徳教育は全くと言っていいほど別物になる。まず何よりも、道徳の概念や意味が大きく異なる。規範教育では、道徳とは固定した規範やルール・決まりにほかならない。放っておけば人間は無秩序や無軌道に陥ってしまうという（疑問の余地のある）前提に立って、感情や思考を、そして最終的には行動をあらかじめ決められた「なすべき」「してはならない」枠内に収めるようにすることが道徳教育の目的となる。

　他方、市民教育の場合は、日常生活や共同体実践を通じて身につける共同体道徳を道徳の基礎に置く。なるほど、共同体の特殊性（地理的環境・歴史的背景・宗教等々）を反映して共同体の規範はときに偏狭である。けれども、そこで身につく徳や思いやりは、時間や空間を超えて共感を呼ぶという意味で一般性を持つ場合もまた少なくない。金科玉条とすることはできない共同体道徳だが、歴史の風雪に耐えて受け継がれ、実際にも強力無比な実践力を有していることは確かなのである。

　その上で市民教育は、何をなすべきか、所与の規範を超えて批判的に決定する試みを促す。そもそも市民教育をあえて学校で行うのは、個の力を生かした協働を通じて公共の問題に対応するためである。共同体道徳がそうであるように、状況・事情や関係する人を考慮しつつ、より高次の道徳的観点に立って新たな選択肢（解決案）を切り開いたり、新たな規範を創造したりするのである。

　では、より高次の道徳的観点とは何か。人類は道徳についての思想や知恵を豊富に積み上げてきた。カント主義や功利主義に代表される近代の道徳、ケアや責任や贈与の倫理、アリストテレス的な「徳」の考え方などは言うまでもなく、西洋だけでなく東洋、そして日本にも道徳をめぐる思想や知恵は数多く蓄積されている。ニーチェやマルクスによる道徳批判も、道徳の見方を豊かにしてくれる。これらはいずれも、所与の規範に従うだけでは解決できない道徳的問題が生じたとき、（問題の性格に応じて）それ

に対処するための有益な手がかりを与えてくれるであろう。

　市民教育と規範教育の違いは、他にも挙げることができる。規範教育が前提にしている世界では、各人は自らの利益を自由に追求する存在であり、他者には基本的に無関心である。利害がぶつかるときは敵対的関係に陥り、利害が一致すれば徒党を組むが、それ以外の時は身近な人や自分自身の私的世界に閉じ籠もろうとする。他方、市民教育の世界では、よりよき社会を求めて、あらゆる場面で多様な人々が交流し、コミュニケーションと協働を展開する。

　それゆえ、規範教育が人を「公」（規範・ルール）という鋳型に合わせて「私」の固有の部分を抑え込む（人目の付かないところに押し込める）ことを求めるとすれば、市民教育は逆に「私」の人と違う部分を社会のために生かしていこうとする。規範教育においては私と公は対立するが、市民教育では私と公は互いに支え合う関係にあるのだ。こうして市民教育では、よりよき社会を築こうとすることが、各人のよりよく生きることや自己実現にもつながっていく。だが規範教育では、自己コントロールや自己抑制が要求されるほどに自己実現は困難になり、その代償として人々は自己啓発や自分探しや自己顕示に励んだり、国家の自己実現に依存したりするようになる。

3　市民教育への道

　とはいえ、国家が明治期以来の国富拡大・経済成長路線を突き進み、国民がそれを支持するかぎり、市民教育への道は険しいと言わざるをえない。近代以前の日本にあった——高度経済成長期の前まではかろうじて残っていた——自治の伝統を取り戻し賦活できれば、そこに市民教育を接続することはできよう。だが、国民のかなりの部分が主権者としての自覚を欠き、選挙にも行こうとしない現在では、規範教育から市民教育への転換は容易ではない。

　だとすれば市民教育は、身近な道徳の問題について自分の頭で考え、自分とは異なる考えの人々と議論を交わしながらよりよきアイデアを生み出

216

し、協働を通じて実際に問題解決を試みることから始める必要がある。そのためには児童会・生徒会活動や特別活動等での自治の経験を活性化させることはもちろん、諸教科の授業のあり方も問い直す必要がある。すなわち、授業の中で自分自身の意見を持ちながら多様な他者とかかわり、実りある成果を協働で生み出していく経験を、市民教育の基礎訓練として積み重ねていく必要がある。

　さらには、社会や国家のあり方として「どのような価値を優先すべきか」「自分たちはどのような社会の中で生きていきたいか」を考えていくことも欠かせない。規範教育と市民教育の分かれ道にあるのはまさにこの問いだからだ。そのためには「自分自身はどのような生き方を望むのか」「自分が求める幸福とは何か」を日頃から考えていくことも大切になる。実際にも３・11（東日本大震災）をきっかけに、多くの人は「絆」「つながり」や助け合い・支え合いの大切さ、経済的豊かさと引き替えにできないものや、市場で交換できないものの存在に気づき、これまでの経済優先の個人主義社会を問い直そうとしている。自己や国家のあり方について、さらには自然や動物やモノとの関係について根本から考え直す下地は整いつつあるのだ。

　その中で道徳をめぐる古今東西の思想や知恵から学べば、同時に道徳的決定や選択をする際の道徳的観点の形成にもつながっていこう。これらの試みがうまくかみ合っていけば、いくらか時間はかかるかもしれないが、規範教育から市民教育への転換も可能になるであろう。

おわりに

　将来、教師になるであろう方々に問うてみたい。あなたは道徳教育を市民教育としてとらえ直す道を選ぶだろうか。それともこれまでの路線を引き継ぎ、規範教育を推進・強化する道を進むのだろうか。

　規範教育は考え方が分かりやすく、教師の当座のニーズに沿い、教師の負担も比較的少ないけれども、子どもたちは皮肉にも、危難の社会を「生き抜く力」を失い、いわば「奴隷」（ニーチェ）として生きていくことに

なりかねない。一方、市民教育への道は、とりわけ日本ではルートを探しながら険しい尾根を登っていくような困難を教師に強いるかもしれないが、子どもたちはやがて自分の人生や社会の主人公になっていくであろう。

　いずれにせよ、どちらの道を選ぶか、あとはあなたのお好きなように、というわけにはいかない。この選択はあなた個人の問題ではないからだ。本書を踏まえつつ（単なる二者択一ではない可能性も考慮に入れながら）まずは自ら熟考した上で、周りの人びとと話し合ってみてほしい。希望のある未来はその先にのみ姿を現すだろうから。

【文献一覧】

アリストテレス（高田三郎訳）『ニコマコス倫理学』〔上・下〕岩波書店、1971年

クリック, B.（関口正司監訳）『シシティズンシップ教育論：政治哲学と市民』（サピエンティア20）法政大学出版局、2011年

サンデル, M.（鬼澤忍訳）『これからの「正義」の話をしよう：いまを生き延びるための哲学』早川書房、2011年

松下良平『道徳教育はホントに道徳的か？：「生きづらさ」の背景を探る』（どう考える？ニッポンの教育問題）日本図書センター、2011年

小学校学習指導要領

（文部科学省 平成20年3月）より「第3章 道徳」

第1 目標

　道徳教育の目標は，第1章総則の第1の2に示すところにより，学校の教育活動全体を通じて，道徳的な心情，判断力，実践意欲と態度などの道徳性を養うこととする。

　道徳の時間においては，以上の道徳教育の目標に基づき，各教科，外国語活動，総合的な学習の時間及び特別活動における道徳教育と密接な関連を図りながら，計画的，発展的な指導によってこれを補充，深化，統合し，道徳的価値の自覚及び自己の生き方についての考えを深め，道徳的実践力を育成するものとする。

第2 内容

　道徳の時間を要（かなめ）として学校の教育活動全体を通じて行う道徳教育の内容は，次のとおりとする。

〔第1学年及び第2学年〕

1　主として自分自身に関すること。
　（1）　健康や安全に気を付け，物や金銭を大切にし，身の回りを整え，わがままをしないで，規則正しい生活をする。
　（2）　自分がやらなければならない勉強や仕事は，しっかりと行う。
　（3）　よいことと悪いことの区別をし，よいと思うことを進んで行う。
　（4）　うそをついたりごまかしをしたりしないで，素直に伸び伸びと生活する。

2　主として他の人とのかかわりに関すること。

（1）　気持ちのよいあいさつ，言葉遣い，動作などに心掛けて，明るく接する。

（2）　幼い人や高齢者など身近にいる人に温かい心で接し，親切にする。

（3）　友達と仲よくし，助け合う。

（4）　日ごろ世話になっている人々に感謝する。

3　主として自然や崇高なものとのかかわりに関すること。

（1）　生きることを喜び，生命を大切にする心をもつ。

（2）　身近な自然に親しみ，動植物に優しい心で接する。

（3）　美しいものに触れ，すがすがしい心をもつ。

4　主として集団や社会とのかかわりに関すること。

（1）　約束やきまりを守り，みんなが使う物を大切にする。

（2）　働くことのよさを感じて，みんなのために働く。

（3）　父母，祖父母を敬愛し，進んで家の手伝いなどをして，家族の役に立つ喜びを知る。

（4）　先生を敬愛し，学校の人々に親しんで，学級や学校の生活を楽しくする。

（5）　郷土の文化や生活に親しみ，愛着をもつ。

〔第3学年及び第4学年〕

1　主として自分自身に関すること。

（1）　自分でできることは自分でやり，よく考えて行動し，節度のある生活をする。

（2）　自分でやろうと決めたことは，粘り強くやり遂げる。

（3）　正しいと判断したことは，勇気をもって行う。

（4）　過ちは素直に改め，正直に明るい心で元気よく生活する。

（5）　自分の特徴に気付き，よい所を伸ばす。

2　主として他の人とのかかわりに関すること。

（1）　礼儀の大切さを知り，だれに対しても真心をもって接する。

（2）　相手のことを思いやり，進んで親切にする。

（3）　友達と互いに理解し，信頼し，助け合う。

（4）　生活を支えている人々や高齢者に，尊敬と感謝の気持ちをもって接する。

3　主として自然や崇高なものとのかかわりに関すること。

（1）　生命の尊さを感じ取り，生命あるものを大切にする。

（2）　自然のすばらしさや不思議さに感動し，自然や動植物を大切にする。

（3）　美しいものや気高いものに感動する心をもつ。

4　主として集団や社会とのかかわりに関すること。

（1）　約束や社会のきまりを守り，公徳心をもつ。

（2）　働くことの大切さを知り，進んでみんなのために働く。

（3）　父母，祖父母を敬愛し，家族みんなで協力し合って楽しい家庭をつくる。

（4）　先生や学校の人々を敬愛し，みんなで協力し合って楽しい学級をつくる。

（5）　郷土の伝統と文化を大切にし，郷土を愛する心をもつ。

（6）　我が国の伝統と文化に親しみ，国を愛する心をもつとともに，外国の人々や文化に関心をもつ。

〔第5学年及び第6学年〕

1　主として自分自身に関すること。

（1）　生活習慣の大切さを知り，自分の生活を見直し，節度を守り節制に心掛ける。

（2）　より高い目標を立て，希望と勇気をもってくじけないで努力する。

（3）　自由を大切にし，自律的で責任のある行動をする。

（4）　誠実に，明るい心で楽しく生活する。

（5）　真理を大切にし，進んで新しいものを求め，工夫して生活をよりよくする。

（6）　自分の特徴を知って，悪い所を改めよい所を積極的に伸ばす。

2　主として他の人とのかかわりに関すること。

（1）　時と場をわきまえて，礼儀正しく真心をもって接する。

（2）　だれに対しても思いやりの心をもち，相手の立場に立って親切にする。

（3）　互いに信頼し，学び合って友情を深め，男女仲よく協力し助け合う。

（4）　謙虚な心をもち，広い心で自分と異なる意見や立場を大切にする。

（5）　日々の生活が人々の支え合いや助け合いで成り立っていることに感謝し，それにこたえる。

3　主として自然や崇高なものとのかかわりに関すること。

（1）　生命がかけがえのないものであることを知り，自他の生命を尊重する。

（2）　自然の偉大さを知り，自然環境を大切にする。

（3）　美しいものに感動する心や人間の力を超えたものに対する畏敬の念をもつ。

4　主として集団や社会とのかかわりに関すること。

（1）　公徳心をもって法やきまりを守り，自他の権利を大切にし進んで義務を果たす。

（2）　だれに対しても差別をすることや偏見をもつことなく公正，公平にし，正義の実現に努める。

（3）　身近な集団に進んで参加し，自分の役割を自覚し，協力して主体的に責任を果たす。

（4）　働くことの意義を理解し，社会に奉仕する喜びを知って公共のために役に立つことをする。

（5）　父母，祖父母を敬愛し，家族の幸せを求めて，進んで役に立つことをする。

（6）　先生や学校の人々への敬愛を深め，みんなで協力し合いよりよい校風をつくる。

（7）　郷土や我が国の伝統と文化を大切にし，先人の努力を知り，郷土や国を愛する心をもつ。

（8）　外国の人々や文化を大切にする心をもち，日本人としての自覚をもって世界の人々と親善に努める。

第3　指導計画の作成と内容の取扱い

1　各学校においては，校長の方針の下に，道徳教育の推進を主に担当する教

師（以下「道徳教育推進教師」という。）を中心に，全教師が協力して道徳教育を展開するため，次に示すところにより，道徳教育の全体計画と道徳の時間の年間指導計画を作成するものとする。

(1) 道徳教育の全体計画の作成に当たっては，学校における全教育活動との関連の下に，児童，学校及び地域の実態を考慮して，学校の道徳教育の重点目標を設定するとともに，第2に示す道徳の内容との関連を踏まえた各教科，外国語活動，総合的な学習の時間及び特別活動における指導の内容及び時期並びに家庭や地域社会との連携の方法を示す必要があること。

(2) 道徳の時間の年間指導計画の作成に当たっては，道徳教育の全体計画に基づき，各教科，外国語活動，総合的な学習の時間及び特別活動との関連を考慮しながら，計画的，発展的に授業がなされるよう工夫すること。その際，第2に示す各学年段階ごとの内容項目について，児童や学校の実態に応じ，2学年間を見通した重点的な指導や内容項目間の関連を密にした指導を行うよう工夫すること。ただし，第2に示す各学年段階ごとの内容項目は相当する各学年においてすべて取り上げること。なお，特に必要な場合には，他の学年段階の内容項目を加えることができること。

(3) 各学校においては，各学年を通じて自立心や自律性，自他の生命を尊重する心を育てることに配慮するとともに，児童の発達の段階や特性等を踏まえ，指導内容の重点化を図ること。特に低学年ではあいさつなどの基本的な生活習慣，社会生活上のきまりを身に付け，善悪を判断し，人間としてしてはならないことをしないこと，中学年では集団や社会のきまりを守り，身近な人々と協力し助け合う態度を身に付けること，高学年では法やきまりの意義を理解すること，相手の立場を理解し，支え合う態度を身に付けること，集団における役割と責任を果たすこと，国家・社会の一員としての自覚をもつことなどに配慮し，児童や学校の実態に応じた指導を行うよう工夫すること。また，高学年においては，悩みや葛藤（かっとう）等の心の揺れ，人間関係の理解等の課題を積極的に取り上げ，自己の生き方についての考えを一層深められるよう指導を工夫すること。

2 第2に示す道徳の内容は，児童が自ら道徳性をはぐくむためのものであ

り，道徳の時間はもとより，各教科，外国語活動，総合的な学習の時間及び特別活動においてもそれぞれの特質に応じた適切な指導を行うものとする。その際，児童自らが成長を実感でき，これからの課題や目標が見付けられるよう工夫する必要がある。

3 道徳の時間における指導に当たっては，次の事項に配慮するものとする。

（1） 校長や教頭などの参加，他の教師との協力的な指導などについて工夫し，道徳教育推進教師を中心とした指導体制を充実すること。

（2） 集団宿泊活動やボランティア活動，自然体験活動などの体験活動を生かすなど，児童の発達の段階や特性等を考慮した創意工夫ある指導を行うこと。

（3） 先人の伝記，自然，伝統と文化，スポーツなどを題材とし，児童が感動を覚えるような魅力的な教材の開発や活用を通して，児童の発達の段階や特性等を考慮した創意工夫ある指導を行うこと。

（4） 自分の考えを基に，書いたり話し合ったりするなどの表現する機会を充実し，自分とは異なる考えに接する中で，自分の考えを深め，自らの成長を実感できるよう工夫すること。

（5） 児童の発達の段階や特性等を考慮し，第2に示す道徳の内容との関連を踏まえ，情報モラルに関する指導に留意すること。

4 道徳教育を進めるに当たっては，学校や学級内の人間関係や環境を整えるとともに，学校の道徳教育の指導内容が児童の日常生活に生かされるようにする必要がある。また，道徳の時間の授業を公開したり，授業の実施や地域教材の開発や活用などに，保護者や地域の人々の積極的な参加や協力を得たりするなど，家庭や地域社会との共通理解を深め，相互の連携を図るよう配慮する必要がある。

5 児童の道徳性については，常にその実態を把握して指導に生かすよう努める必要がある。ただし，道徳の時間に関して数値などによる評価は行わないものとする。

中学校学習指導要領

（文部科学省　平成20年3月）より「第3章　道徳」

第1　目標

　道徳教育の目標は，第1章総則の第1の2に示すところにより，学校の教育活動全体を通じて，道徳的な心情，判断力，実践意欲と態度などの道徳性を養うこととする。

　道徳の時間においては，以上の道徳教育の目標に基づき，各教科，総合的な学習の時間及び特別活動における道徳教育と密接な関連を図りながら，計画的，発展的な指導によってこれを補充，深化，統合し，道徳的価値及びそれに基づいた人間としての生き方についての自覚を深め，道徳的実践力を育成するものとする。

第2　内容

　道徳の時間を要として学校の教育活動全体を通じて行う道徳教育の内容は，次のとおりとする。

1　主として自分自身に関すること。
　（1）　望ましい生活習慣を身に付け，心身の健康の増進を図り，節度を守り節制に心掛け調和のある生活をする。
　（2）　より高い目標を目指し，希望と勇気をもって着実にやり抜く強い意志をもつ。
　（3）　自律の精神を重んじ，自主的に考え，誠実に実行してその結果に責任をもつ。
　（4）　真理を愛し，真実を求め，理想の実現を目指して自己の人生を切り拓いていく。

 (5) 自己を見つめ，自己の向上を図るとともに，個性を伸ばして充実した
  生き方を追求する。
2 主として他の人とのかかわりに関すること。
 (1) 礼儀の意義を理解し，時と場に応じた適切な言動をとる。
 (2) 温かい人間愛の精神を深め，他の人々に対し思いやりの心をもつ。
 (3) 友情の尊さを理解して心から信頼できる友達をもち，互いに励まし合
  い，高め合う。
 (4) 男女は，互いに異性についての正しい理解を深め，相手の人格を尊重
  する。
 (5) それぞれの個性や立場を尊重し，いろいろなものの見方や考え方があ
  ることを理解して，寛容の心をもち謙虚に他に学ぶ。
 (6) 多くの人々の善意や支えにより，日々の生活や現在の自分があること
  に感謝し，それにこたえる。
3 主として自然や崇高なものとのかかわりに関すること。
 (1) 生命の尊さを理解し，かけがえのない自他の生命を尊重する。
 (2) 自然を愛護し，美しいものに感動する豊かな心をもち，人間の力を超
  えたものに対する畏敬の念を深める。
 (3) 人間には弱さや醜さを克服する強さや気高さがあることを信じて，人
  間として生きることに喜びを見いだすように努める。
4 主として集団や社会とのかかわりに関すること。
 (1) 法やきまりの意義を理解し，遵（じゅん）守するとともに，自他の権利
  を重んじ義務を確実に果たして，社会の秩序と規律を高めるように努める。
 (2) 公徳心及び社会連帯の自覚を高め，よりよい社会の実現に努める。
 (3) 正義を重んじ，だれに対しても公正，公平にし，差別や偏見のない社
  会の実現に努める。
 (4) 自己が属する様々な集団の意義についての理解を深め，役割と責任を
  自覚し集団生活の向上に努める。
 (5) 勤労の尊さや意義を理解し，奉仕の精神をもって，公共の福祉と社会
  の発展に努める。

(6)　父母，祖父母に敬愛の念を深め，家族の一員としての自覚をもって充実した家庭生活を築く。

(7)　学級や学校の一員としての自覚をもち，教師や学校の人々に敬愛の念を深め，協力してよりよい校風を樹立する。

(8)　地域社会の一員としての自覚をもって郷土を愛し，社会に尽くした先人や高齢者に尊敬と感謝の念を深め，郷土の発展に努める。

(9)　日本人としての自覚をもって国を愛し，国家の発展に努めるとともに，優れた伝統の継承と新しい文化の創造に貢献する。

(10)　世界の中の日本人としての自覚をもち，国際的視野に立って，世界の平和と人類の幸福に貢献する。

第3　指導計画の作成と内容の取扱い

1　各学校においては，校長の方針の下に，道徳教育の推進を主に担当する教師（以下「道徳教育推進教師」という。）を中心に，全教師が協力して道徳教育を展開するため，次に示すところにより，道徳教育の全体計画と道徳の時間の年間指導計画を作成するものとする。

　（1）　道徳教育の全体計画の作成に当たっては，学校における全教育活動との関連の下に，生徒，学校及び地域の実態を考慮して，学校の道徳教育の重点目標を設定するとともに，第2に示す道徳の内容との関連を踏まえた各教科，総合的な学習の時間及び特別活動における指導の内容及び時期並びに家庭や地域社会との連携の方法を示す必要があること。

　（2）　道徳の時間の年間指導計画の作成に当たっては，道徳教育の全体計画に基づき，各教科，総合的な学習の時間及び特別活動との関連を考慮しながら，計画的，発展的に授業がなされるよう工夫すること。その際，第2に示す各内容項目の指導の充実を図る中で，生徒や学校の実態に応じ，3学年間を見通した重点的な指導や内容項目間の関連を密にした指導を行うよう工夫すること。ただし，第2に示す内容項目はいずれの学年においてもすべて取り上げること。

　（3）　各学校においては，生徒の発達の段階や特性等を踏まえ，指導内容の

重点化を図ること。特に、自他の生命を尊重し、規律ある生活ができ、自分の将来を考え、法やきまりの意義の理解を深め、主体的に社会の形成に参画し、国際社会に生きる日本人としての自覚を身に付けるようにすることなどに配慮し、生徒や学校の実態に応じた指導を行うよう工夫すること。また、悩みや葛藤（かっとう）等の思春期の心の揺れ、人間関係の理解等の課題を積極的に取り上げ、道徳的価値に基づいた人間としての生き方について考えを深められるよう配慮すること。

2　第2に示す道徳の内容は、生徒が自ら道徳性をはぐくむためのものであり、道徳の時間はもとより、各教科、総合的な学習の時間及び特別活動においてもそれぞれの特質に応じた適切な指導を行うものとする。その際、生徒自らが成長を実感でき、これからの課題や目標が見付けられるよう工夫する必要がある。

3　道徳の時間における指導に当たっては、次の事項に配慮するものとする。

（1）　学級担任の教師が行うことを原則とするが、校長や教頭などの参加、他の教師との協力的な指導などについて工夫し、道徳教育推進教師を中心とした指導体制を充実すること。

（2）　職場体験活動やボランティア活動、自然体験活動などの体験活動を生かすなど、生徒の発達の段階や特性等を考慮した創意工夫ある指導を行うこと。

（3）　先人の伝記、自然、伝統と文化、スポーツなどを題材とし、生徒が感動を覚えるような魅力的な教材の開発や活用を通して、生徒の発達の段階や特性等を考慮した創意工夫ある指導を行うこと。

（4）　自分の考えを基に、書いたり討論したりするなどの表現する機会を充実し、自分とは異なる考えに接する中で、自分の考えを深め、自らの成長を実感できるよう工夫すること。

（5）　生徒の発達の段階や特性等を考慮し、第2に示す道徳の内容との関連を踏まえて、情報モラルに関する指導に留意すること。

4　道徳教育を進めるに当たっては、学校や学級内の人間関係や環境を整えるとともに、学校の道徳教育の指導内容が生徒の日常生活に生かされるように

する必要がある。また，道徳の時間の授業を公開したり，授業の実施や地域
教材の開発や活用などに，保護者や地域の人々の積極的な参加や協力を得た
りするなど，家庭や地域社会との共通理解を深め，相互の連携を図るよう配
慮する必要がある。

5 生徒の道徳性については，常にその実態を把握して指導に生かすよう努め
る必要がある。ただし，道徳の時間に関して数値などによる評価は行わない
ものとする。

教育ニ關スル勅語

朕惟フニ我カ皇祖皇宗國ヲ肇ムルコト宏遠ニ德ヲ樹ツルコト深厚ナリ我カ臣民克ク忠ニ克ク孝ニ億兆心ヲ一ニシテ世々厥ノ美ヲ濟セルハ此レ我カ國體ノ精華ニシテ教育ノ淵源亦實ニ此ニ存ス爾臣民父母ニ孝ニ兄弟ニ友ニ夫婦相和シ朋友相信シ恭儉己レヲ持シ博愛衆ニ及ホシ學ヲ修メ業ヲ習ヒ以テ智能ヲ啓發シ德器ヲ成就シ進テ公益ヲ廣メ世務ヲ開キ常ニ國憲ヲ重シ國法ニ遵ヒ一旦緩急アレハ義勇公ニ奉シ以テ天壤無窮ノ皇運ヲ扶翼スヘシ是ノ如キハ獨リ朕カ忠良ノ臣民タルノミナラス又以テ爾祖先ノ遺風ヲ顯彰スルニ足ラン

斯ノ道ハ實ニ我カ皇祖皇宗ノ遺訓ニシテ子孫臣民ノ俱ニ遵守スヘキ所之ヲ古今ニ通シテ謬ラス之ヲ中外ニ施シテ悖ラス朕爾臣民ト俱ニ拳々服膺シテ咸其德ヲ一ニセンコトヲ庶幾フ

明治二十三年十月三十日

御名御璽

（原文は縦書き。ふりがなは現代仮名遣い）

【監修者紹介】

田中智志（たなか・さとし）

　　1958年生まれ

　　1990年　早稲田大学大学院文学研究科博士後期課程満期退学

　　現在：東京大学大学院教育学研究科教授、博士（教育学）

　　専攻：教育学（教育思想史、教育臨床学）

　　主要著書：『キーワード　現代の教育学』（共編著）東京大学出版会

　　　　　　　『社会性概念の構築―アメリカ進歩主義教育の概念史』東信堂

　　　　　　　『学びを支える活動へ―存在論の深みから』（編著）東信堂

　　　　　　　『プロジェクト活動―知と生を結ぶ学び』（共著）東京大学出版会

　　　　　　　『教育臨床学―〈生きる〉を学ぶ』高陵社書店

橋本美保（はしもと・みほ）

　　1963年生まれ

　　1990年　広島大学大学院教育学研究科博士課程後期中途退学

　　現在：東京学芸大学教育学部教授、博士（教育学）

　　専攻：教育学（教育史、カリキュラム）

　　主要著書：『明治初期におけるアメリカ教育情報受容の研究』風間書房

　　　　　　　『教育から見る日本の社会と歴史』（共著）八千代出版

　　　　　　　『プロジェクト活動―知と生を結ぶ学び』（共著）東京大学出版会

　　　　　　　『新しい時代の教育方法』（共著）有斐閣

【編著者紹介】

松下良平（まつした・りょうへい）

1959年生まれ

1987年　京都大学大学院教育学研究科博士後期課程学修認定退学

現在：武庫川女子大学教育学部教育学科教授、博士（教育学）

専攻：教育学（教育哲学、道徳教育論）

主要著書：『知ることの力—心情主義の道徳教育を超えて』勁草書房

『道徳の伝達—モダンとポストモダンを超えて』日本図書センター

『道徳教育はホントに道徳的か？—「生きづらさ」の背景を探る』
日本図書センター

『教師になること、教師であり続けること—困難の中の希望』（共
著）勁草書房

【執筆者紹介】

松下良平（まつした・りょうへい）〔序章・終章〕

【編著者紹介】参照

徳本達夫（とくもと・たつお）〔第1章〕

1950年生まれ

1979年　広島大学大学院教育学研究科博士後期課程満期退学

元広島文教女子大学教育学部人間学部教授

専攻：教育学（教育史、教師教育学）

佐久間裕之（さくま・ひろゆき）〔第2章〕

1963年生まれ

1991年　玉川大学大学院文学研究科教育学専攻博士課程後期満期退学

現在：玉川大学教育学部教授

森　佳子（もり・よしこ）〔第3章〕

　　1949年生まれ

　　1976年　大阪教育大学卒業

　　元大阪芸術大学非常勤講師

　　専攻：道徳指導法

林　泰成（はやし・やすなり）〔第4章・第8章〕

　　1959年生まれ

　　1991年　同志社大学大学院文学研究科博士後期課程満期退学

　　現在：上越教育大学教授

　　専攻：道徳教育学

上原秀一（うえはら・しゅういち）〔第5章〕

　　1969年生まれ

　　1999年　東京学芸大学大学院連合学校教育学研究科博士課程単位取得満期
　　　　　　退学

　　現在：宇都宮大学共同教育学部准教授

　　専攻：教育学（教育思想史、比較教育学、道徳教育論）

生澤繁樹（いざわ・しげき）〔第6章・第13章〕

　　1977年生まれ

　　2007年　名古屋大学大学院教育発達科学研究科博士課程単位取得満期退学

　　現在：名古屋大学大学院教育発達科学研究科准教授、博士（教育学）

　　専攻：教育学（教育哲学、教育思想史）

市川秀之（いちかわ・ひでゆき）〔第7章〕

　　1982年生まれ

　　2010年　名古屋大学大学院教育発達科学研究科教育科学専攻博士後期課程
　　　　　　満期退学

　　現在：千葉大学教育学部准教授、博士（教育学）

　　専攻：教育学（教育哲学）

柳沼良太（やぎぬま・りょうた）〔第9章〕

　　　1969年生まれ

　　　2002年　早稲田大学大学院文学研究科博士後期課程単位取得退学

　　　現在：岐阜大学大学院教育学研究科教授、博士（文学）

　　　専攻：教育学（教育哲学、道徳教育）

梶原郁郎（かじわら・いくお）〔第10章〕

　　　1969年生まれ

　　　2003年　東北大学大学院教育学研究科博士後期課程単位取得退学

　　　現在：山梨大学大学院総合研究部教育学域教授

　　　専攻：教育学（教授学習科学）

松岡敬興（まつおか・よしき）〔第11章〕

　　　1963年生まれ

　　　2009年　大阪府立大学大学院博士後期課程人間文化学研究科単位取得退学

　　　現在：山口大学大学院教育学研究科准教授、博士（学術）

　　　専攻：教育学（道徳教育、特別活動）

田中智志（たなか・さとし）〔第12章〕

　　　【監修者紹介】参照

新・教職課程シリーズ　**道徳教育論**　〈改訂版〉

2021年2月15日　初版　第1刷発行

監修者　　田中智志・橋本美保
編著者　　松下良平
発行者　　菊池公男

一藝社

〒160-0014　東京都新宿区内藤町1-6
Tel. 03-5312-8890　Fax. 03-5312-8895
E-mail : info@ichigeisha.co.jp
HP : http://www.ichigeisha.co.jp
振替　東京00180-5-350802